# は　し　が　き

　平成30年3月に告示された高等学校学習指導要領が，令和4年度から年次進行で本格的に実施されます。

　今回の学習指導要領では，各教科等の目標及び内容が，育成を目指す資質・能力の三つの柱（「知識及び技能」，「思考力，判断力，表現力等」，「学びに向かう力，人間性等」）に沿って再整理され，各教科等でどのような資質・能力の育成を目指すのかが明確化されました。これにより，教師が「子供たちにどのような力が身に付いたか」という学習の成果を的確に捉え，主体的・対話的で深い学びの視点からの授業改善を図る，いわゆる「指導と評価の一体化」が実現されやすくなることが期待されます。

　また，子供たちや学校，地域の実態を適切に把握した上で教育課程を編成し，学校全体で教育活動の質の向上を図る「カリキュラム・マネジメント」についても明文化されました。カリキュラム・マネジメントの一側面として，「教育課程の実施状況を評価してその改善を図っていくこと」がありますが，このためには，教育課程を編成・実施し，学習評価を行い，学習評価を基に教育課程の改善・充実を図るというPDCAサイクルを確立することが重要です。このことも，まさに「指導と評価の一体化」のための取組と言えます。

　このように，「指導と評価の一体化」の必要性は，今回の学習指導要領において，より一層明確なものとなりました。そこで，国立教育政策研究所教育課程研究センターでは，「幼稚園，小学校，中学校，高等学校及び特別支援学校の学習指導要領等の改善及び必要な方策等について（答申）」（平成28年12月21日中央教育審議会）をはじめ，「児童生徒の学習評価の在り方について（報告）」（平成31年1月21日中央教育審議会初等中等教育分科会教育課程部会）や「小学校，中学校，高等学校及び特別支援学校等における児童生徒の学習評価及び指導要録の改善等について」（平成31年3月29日付初等中等教育局長通知）を踏まえ，令和2年3月に公表した小・中学校版に続き，高等学校版の「『指導と評価の一体化』のための学習評価に関する参考資料」を作成しました。

　本資料では，学習評価の基本的な考え方や，各教科等における評価規準の作成及び評価の実施等について解説しているほか，各教科等別に単元や題材に基づく学習評価について事例を紹介しています。各学校においては，本資料や各教育委員会等が示す学習評価に関する資料などを参考としながら，学習評価を含むカリキュラム・マネジメントを円滑に進めていただくことで，「指導と評価の一体化」を実現し，子供たちに未来の創り手となるために必要な資質・能力が育まれることを期待します。

　最後に，本資料の作成に御協力くださった方々に心から感謝の意を表します。


　令和3年8月

国立教育政策研究所<br>
教育課程研究センター長<br>
鈴　木　敏　之

## スライド1

### 学習評価とは？

学習評価：学校での教育活動に関し、生徒の学習状況を評価するもの

学習評価を通して

・教師が指導の改善を図る

・生徒が自らの学習を振り返って次の学習に向かうことができるようにする

⇒評価を教育課程の改善に役立てる

---

## スライド2

### 学習評価について指摘されている課題

学習評価の現状について、学校や教師の状況によっては、以下のような課題があることが指摘されている。

・学期末や学年末などの事後での評価に終始してしまうことが多く、評価の結果が児童生徒の具体的な学習改善につながっていない

・現行の「関心・意欲・態度」の観点について、挙手の回数や毎時間ノートをとっているかなど、性格や行動面の傾向が一時的に表出された場面を捉える評価であるような誤解が払拭しきれていない

・教師によって評価の方針が異なり、学習改善につなげにくい

・教師が評価のための「記録」に労力を割かれて、指導に注力できない

・相当な労力をかけて記述した指導要録が、次の学年や学校段階において十分に活用されていない

生徒の意見

先生によって観点の重みが違うんです。授業態度をとても重視する先生もいるし、テストだけで判断するという先生もいます。そうすると、どう努力していけばよいのか本当に分かりにくいんです。
（中央教育審議会初等中等教育分科会教育課程部会児童生徒の学習評価に関するワーキンググループ第7回における高等学校三年生の意見より）

---

## スライド3

### カリキュラム・マネジメントの一環としての指導と評価
### 「主体的・対話的で深い学び」の視点からの授業改善と評価

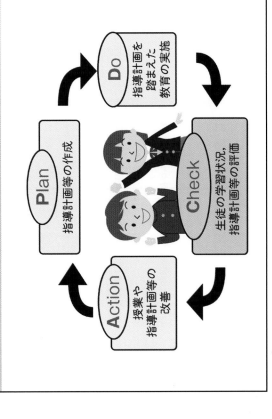

---

## スライド4

### 平成30年告示の学習指導要領における目標の構成

各教科等の目標に「内容」の記述と、「知識及び技能」「思考力、判断力、表現力等」「学びに向かう力、人間性等」の資質・能力の3つの柱で再整理。

**平成21年告示高等学校学習指導要領**

国語
第1款　目標
国語を適切に表現し的確に理解する能力を育成し、伝え合う力を高めるとともに、思考力や想像力を伸ばし、心情を豊かにし、言語感覚を磨き、言語文化に対する関心を深め、国語を尊重してその向上を図る態度を育てる。

例えば、国語科では

**平成30年告示高等学校学習指導要領**

国語
第1款　目標
言葉による見方・考え方を働かせ、言語活動を通して、国語で的確に理解し効果的に表現する資質・能力を次のとおり育成することを目指す。

【知識及び技能】
(1) 生涯にわたる社会生活に必要な国語について、その特質を理解し適切に使うことができるようにする。

【思考力、判断力、表現力等】
(2) 生涯にわたる社会生活における他者との関わりの中で伝え合う力を高め、思考力や想像力を伸ばす。

【学びに向かう力、人間性等】
(3) 言葉のもつ価値を認識するとともに、言語感覚を磨き、我が国の言語文化の担い手としての自覚をもち、生涯にわたり国語を尊重してその能力の向上を図る態度を養う。

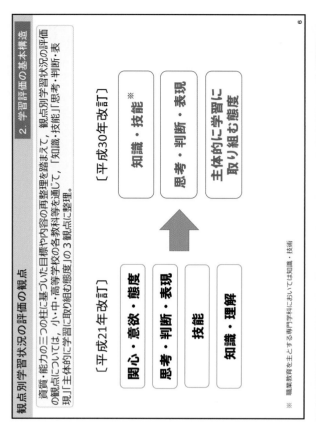
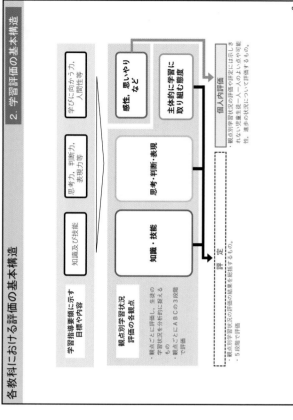

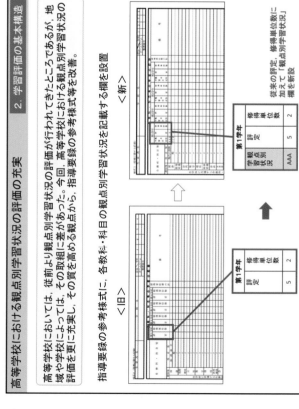

## 次のような工夫が考えられる

● 授業において
それぞれの教科等の特質に応じ、観察・実験をしたり、式やグラフで表現したりするなど学習した知識や技能を用いる場面を設け評価

● ペーパーテストにおいて
事実的な知識の習得を問う問題と知識の概念的な理解を問う問題とのバランスに配慮して出題し評価

---

## 次のような工夫が考えられる

● ペーパーテストにおいて、出題の仕方を工夫して評価
● 論述やレポートを課して評価
● 発表やグループでの話合いなどの場面で評価
● 作品の制作などにおいて多様な表現活動を設け、ポートフォリオを活用して評価

---

学びに向かう力、人間性等

① 観点別学習状況の評価になじまない部分（感性、思いやり等）

㋐「主体的に学習に取り組む態度」として観点別学習状況の評価を通じて観点別学習状況の評価を通じて見取ることができる部分

個人内評価（生徒一人一人のよい点や可能性、進歩の状況について評価するもの）等を通じて見取る。
※ 特に感性や思いやりなど生徒一人一人のよい点や可能性、進歩の状況などについては、積極的に評価し生徒に伝えることが重要。

知識及び技能を獲得したり、思考力、判断力、表現力等を身に付けたりすることに向けた粘り強い取組の中で、自らの学習を調整しようとしているかどうかを含めて評価する。

「学びに向かう力、人間性等」には、㋐主体的に学習に取り組む態度として観点別学習状況の評価を通じて見取ることができる部分と、①観点別学習状況の評価や評定にはなじまない部分がある。

---

## 「主体的に学習に取り組む態度」の評価のイメージ

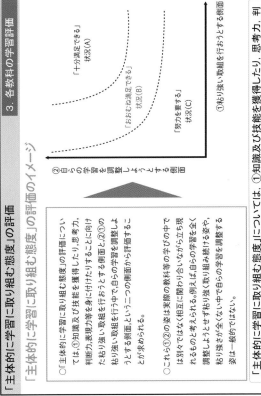

「十分満足できる」状況(A)
「おおむね満足できる」状況(B)
「努力を要する」状況(C)
②自らの学習を調整しようとする側面
①粘り強い取組を行おうとする側面

○ 主体的に学習に取り組む態度の評価については、①知識及び技能を獲得したり、思考力、判断力、表現力等を身に付けたりすることに向けた粘り強い取組を行おうとする側面と、②の粘り強い取組を行う中で自らの学習を調整しようとする側面、という二つの側面から評価することが求められる。

○ これら①②の姿は実際の教科等の学びの中では別々でなく相互に関わり合いながら立ち現れるものと考えられる。例えば、自らの学習を全く調整しようとせず粘り強く取り組み続ける姿や、粘り強さが全くない中で自らの学習を調整する姿は一般的ではない。

「主体的に学習に取り組む態度」については、①知識及び技能を獲得したり、思考力、判断力、表現力等を身に付けたりすることに向けた粘り強い取組の中で、②自らの学習を調整しようとしているかどうかを含めて評価する。

観点別評価の進め方

「内容のまとまり」ごとの評価規準を作成する → 単元（題材）の目標を作成する → 単元（題材）の評価規準を作成する

指導と評価の計画を立てる → 授業（指導と評価）を行う → 評価の総括を行う

総括に用いる評価の記録については、場面を精選する

※ 職業教育を主とする専門学科においては、学習指導要領の規定から、「指導項目」ごとの評価規準」とする。

---

●「自らの学習を調整しようとする側面」について
自らの学習状況を振り返って把握し、学習の進め方について試行錯誤する（微調整を繰り返す）などの意思的な側面

指導において次のような工夫も大切
■ 生徒が自らの理解状況を振り返ることができるような発問を工夫したり指示したりする
■ 内容のまとまりの中で、話し合ったり他の生徒との協働を通じて自らの考えを相対化するような場面を設ける

◎ ここでの評価は、生徒の学習の調整が「適切に行われているか」を必ずしも判断するものではない。
学習の調整が適切に行われていない場合には、教師の指導が求められる。

---

学習評価を行う上での各学校における留意事項②

学校全体としての組織的かつ計画的な取組

教師の勤務負担軽減を図りながら学習評価の妥当性や信頼性が高められるよう、学校全体としての組織的かつ計画的な取組を行うことが重要。

※例えば以下の取組が考えられる。
・教師同士での評価規準や評価方法の検討、明確化
・実践事例の蓄積・共有
・評価結果の検討等を通じた教師の力量の向上
・校内組織（学年会や教科等部会等）の活用

---

学習評価を行う上での各学校における留意事項①

評価の方針等の生徒との共有

学習評価の妥当性や信頼性を高めるとともに、生徒自身に学習の見通しをもたせるため、学習評価の方針を事前に生徒と共有する場面を必要に応じて設ける。

観点別学習状況の評価を行う場面の精選

観点別学習状況の評価に係る記録は、毎回の授業ではなく、単元や題材などの内容のまとまりごとに行うことと評価場面を精選する。
※日々の授業における生徒の学習状況を適宜把握して指導の改善に生かすことに重点を置くことが重要。

外部試験や検定等の学習評価への利用

外部試験や検定等（高校生のための学びの基礎診断の認定を受けた測定ツールなど）の結果を、指導や評価の改善につなげることも重要。
※外部試験や検定等は、学習指導要領の目標に準拠したものでない場合や内容を網羅的に扱うものでない場合があることから、教師が行う学習評価の補完材料である（外部試験等の結果そのものをもって教師の評価に代えることは適切ではない）ことに十分留意が必要であること。

# 目次

- 　高等学校芸術科（工芸）における「内容のまとまりごとの評価規準（例)」
- 　評価規準，評価方法等の工夫改善に関する調査研究について（令和2年4月13日，国立教育政策研究所長裁定）
- 　評価規準，評価方法等の工夫改善に関する調査研究協力者
- 　学習指導要領等関係資料について
- 　学習評価の在り方ハンドブック（高等学校編）

※本冊子については，改訂後の常用漢字表（平成22年11月30日内閣告示）に基づいて表記しています（学習指導要領及び初等中等教育局長通知等の引用部分を除く）。

---

〔巻頭資料（スライド）について〕

　巻頭資料（スライド）は，学習評価に関する基本事項を簡潔にまとめたものです。巻頭資料の記載に目を通し概略を把握することで，本編の内容を読み進める上での一助となることや，各自治体や各学校における研修等で使用する資料の参考となることを想定しています。記載内容は最小限の情報になっているので，詳細については，本編を御参照ください。

# 第1編

## 総説

## 第1編　総説

本編においては，以下の資料について，それぞれ略称を用いることとする。

---

答申：「幼稚園，小学校，中学校，高等学校及び特別支援学校の学習指導要領等の改善
　　　　及び必要な方策等について（答申）」　平成28年12月21日　中央教育審議会

報告：「児童生徒の学習評価の在り方について（報告）」　平成31年1月21日　中央教
　　　　育審議会　初等中等教育分科会　教育課程部会

改善等通知：「小学校，中学校，高等学校及び特別支援学校等における児童生徒の学習
　　　　評価及び指導要録の改善等について（通知）」　平成31年3月29日　初等中等
　　　　教育局長通知

---

## 第1章　平成30年の高等学校学習指導要領改訂を踏まえた学習評価の改善

### 1　はじめに

　　学習評価は，学校における教育活動に関し，生徒の学習状況を評価するものである。答申にもあるとおり，生徒の学習状況を的確に捉え，教師が指導の改善を図るとともに，生徒が自らの学びを振り返って次の学びに向かうことができるようにするためには，学習評価の在り方が極めて重要である。

　　各教科等の評価については，「観点別学習状況の評価」と「評定」が学習指導要領に定める目標に準拠した評価として実施するものとされている[1]。観点別学習状況の評価とは，学校における生徒の学習状況を，複数の観点から，それぞれの観点ごとに分析的に捉える評価のことである。生徒が各教科等での学習において，どの観点で望ましい学習状況が認められ，どの観点に課題が認められるかを明らかにすることにより，具体的な指導や学習の改善に生かすことを可能とするものである。各学校において目標に準拠した観点別学習状況の評価を行うに当たっては，観点ごとに評価規準を定める必要がある。評価規準とは，観点別学習状況の評価を的確に行うため，学習指導要領に示す目標の実現の状況を判断するよりどころを表現したものである。本参考資料は，観点別学習状況の評価を実施する際に必要となる評価規準等，学習評価を行うに当たって参考となる情報をまとめたものである。

　　以下，文部省指導資料から，評価規準について解説した部分を参考として引用する。

---

[1] 各教科の評価については，観点別学習状況の評価と，これらを総括的に捉える「評定」の両方について実施するものとされており，観点別学習状況の評価や評定には示しきれない生徒の一人一人のよい点や可能性，進歩の状況については，「個人内評価」として実施するものとされている（P.6～11に後述）。

（参考）評価規準の設定（抄）

（文部省「小学校教育課程一般指導資料」（平成5年9月）より）

新しい指導要録（平成3年改訂）では，観点別学習状況の評価が効果的に行われるようにするために，「各観点ごとに学年ごとの評価規準を設定するなどの工夫を行うこと」と示されています。

これまでの指導要録においても，観点別学習状況の評価を適切に行うため，「観点の趣旨を学年別に具体化することなどについて工夫を加えることが望ましいこと」とされており，教育委員会や学校では目標の達成の度合いを判断するための基準や尺度などの設定について研究が行われてきました。

しかし，それらは，ともすれば知識・理解の評価が中心になりがちであり，また「目標を十分達成（＋）」，「目標をおおむね達成（空欄）」及び「達成が不十分（−）」ごとに詳細にわたって設定され，結果としてそれを単に数量的に処理することに陥りがちであったとの指摘がありました。

今回の改訂においては，学習指導要領が目指す学力観に立った教育の実践に役立つようにすることを改訂方針の一つとして掲げ，各教科の目標に照らしてその実現の状況を評価する観点別学習状況を各教科の学習の評価の基本に据えることとしました。したがって，評価の観点についても，学習指導要領に示す目標との関連を密にして設けられています。

このように，学習指導要領が目指す学力観に立つ教育と指導要録における評価とは一体のものであるとの考え方に立って，各教科の目標の実現の状況を「関心・意欲・態度」，「思考・判断・表現」，「技能・表現（または技能）」及び「知識・理解」の観点ごとに適切に評価するため，「評価規準を設定する」ことを明確に示しているものです。

「評価規準」という用語については，先に述べたように，新しい学力観に立って子供たちが自ら獲得し身に付けた資質や能力の質的な面，すなわち，学習指導要領の目標に基づく幅のある資質や能力の育成の実現状況の評価を目指すという意味から用いたものです。

## 2　平成30年の高等学校学習指導要領改訂を踏まえた学習評価の意義
### （1）学習評価の充実

平成30年に改訂された高等学校学習指導要領総則においては，学習評価の充実について新たに項目が置かれている。具体的には，学習評価の目的等について以下のように示し，単元や題材など内容や時間のまとまりを見通しながら，生徒の主体的・対話的で深い学びの実現に向けた授業改善を行うと同時に，評価の場面や方法を工夫して，学習の過程や成果を評価することを示し，授業の改善と評価の改善を両輪として行っていくことの必要性が明示されている。

・生徒のよい点や進歩の状況などを積極的に評価し，学習したことの意義や価値を実感できるようにすること。また，各教科・科目等の目標の実現に向けた学習状況を把握する観点から，単元や題材など内容や時間のまとまりを見通しながら評価の場面や方法を工夫して，学習の過程や成果を評価し，指導の改善や学習意欲の向上を図り，資質・能力の育成に生かすようにすること。

・創意工夫の中で学習評価の妥当性や信頼性が高められるよう，組織的かつ計画的な取組を推進するとともに，学年や学校段階を越えて生徒の学習の成果が円滑に接続されるように工夫すること。

（高等学校学習指導要領 第1章 総則 第3款 教育課程の実施と学習評価　2 学習評価の充実）

　報告では現状の学習評価の課題として，学校や教師の状況によっては，学期末や学年末などの事後での評価に終始してしまうことが多く，評価の結果が生徒の具体的な学習改善につながっていないなどの指摘があるとしている。このため，学習評価の充実に当たっては，いわゆる評価のための評価に終わることのないよう指導と評価の一体化を図り，学習の成果だけでなく，学習の過程を一層重視し，生徒が自分自身の目標や課題をもって学習を進めていけるように評価を行うことが大切である。

　また，報告においては，教師によって学習評価の方針が異なり，生徒が学習改善につなげにくいといった現状の課題も指摘されている。平成29年度文部科学省委託調査「学習指導と学習評価に対する意識調査」（以下「平成29年度文科省意識調査」）では，学習評価への取組状況について，「A：校内で評価方法や評価規準を共有したり，授業研究を行ったりして，学習評価の改善に，学校全体で取り組んでいる」「B：評価規準の改善，評価方法の研究などは，教員個人に任されている」の二つのうちどちらに近いか尋ねたところ，高等学校では「B」又は「どちらかと言うとB」が約55％を占めている。このような現状を踏まえ，特に高等学校においては，学習評価の妥当性や信頼性を高め，授業改善や組織運営の改善に向けた学校教育全体の取組に位置付ける観点から，組織的かつ計画的に取り組むようにすることが必要である。

## （2）カリキュラム・マネジメントの一環としての指導と評価

　各学校における教育活動の多くは，学習指導要領等に従い生徒や地域の実態を踏まえて編成された教育課程の下，指導計画に基づく授業（学習指導）として展開される。各学校では，生徒の学習状況を評価し，その結果を生徒の学習や教師による指導の改善や学校全体としての教育課程の改善等に生かし，学校全体として組織的かつ計画的に教育活動の質の向上を図っていくことが必要である。このように，「学習指導」と「学習評価」は学校の教育活動の根幹に当たり，教育課程に基づいて組織的かつ計画的に教育活動の質の向上を図る「カリキュラム・マネジメント」の中核的な役割を担っているのである。

## （3）主体的・対話的で深い学びの視点からの授業改善と評価

　　指導と評価の一体化を図るためには，生徒一人一人の学習の成立を促すための評価という視点を一層重視し，教師が自らの指導のねらいに応じて授業での生徒の学びを振り返り，学習や指導の改善に生かしていくことが大切である。すなわち，平成30年に改訂された高等学校学習指導要領で重視している「主体的・対話的で深い学び」の視点からの授業改善を通して各教科等における資質・能力を確実に育成する上で，学習評価は重要な役割を担っている。

## （4）学習評価の改善の基本的な方向性

　　（1）〜（3）で述べたとおり，学習指導要領改訂の趣旨を実現するためには，学習評価の在り方が極めて重要であり，すなわち，学習評価を真に意味のあるものとし，指導と評価の一体化を実現することがますます求められている。

　　このため，報告では，以下のように学習評価の改善の基本的な方向性が示された。

① 児童生徒の学習改善につながるものにしていくこと
② 教師の指導改善につながるものにしていくこと
③ これまで慣行として行われてきたことでも，必要性・妥当性が認められないものは見直していくこと

## 3　平成30年の高等学校学習指導要領改訂を受けた評価の観点の整理

　　平成30年改訂学習指導要領においては，知・徳・体にわたる「生きる力」を生徒に育むために「何のために学ぶのか」という各教科等を学ぶ意義を共有しながら，授業の創意工夫や教科書等の教材の改善を促すため，全ての教科・科目等の目標及び内容を「知識及び技能」，「思考力，判断力，表現力等」，「学びに向かう力，人間性等」の育成を目指す資質・能力の三つの柱で再整理した（図1参照）。知・徳・体のバランスのとれた「生きる力」を育むことを目指すに当たっては，各教科・科目等の指導を通してどのような資質・能力の育成を目指すのかを明確にしながら教育活動の充実を図ること，その際には，生徒の発達の段階や特性を踏まえ，三つの柱に沿った資質・能力の育成がバランスよく実現できるよう留意する必要がある。

図1

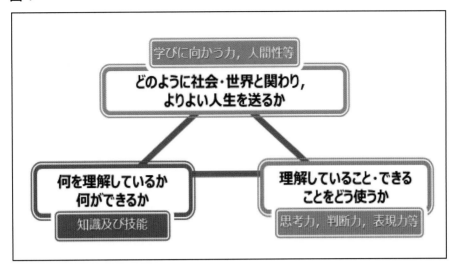

　観点別学習状況の評価については，こうした教育目標や内容の再整理を踏まえて，小・中・高等学校の各教科を通じて，４観点から３観点に整理された（図２参照）。

図2

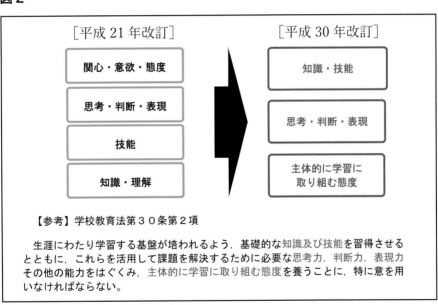

## 4　平成30年の高等学校学習指導要領改訂における各教科・科目の学習評価

　各教科・科目の学習評価においては，平成30年改訂においても，学習状況を分析的に捉える「観点別学習状況の評価」と，これらを総括的に捉える「評定」の両方について，学習指導要領に定める目標に準拠した評価として実施するものとされた。

　同時に，答申では「観点別学習状況の評価」について，高等学校では，知識量のみを問うペーパーテストの結果や，特定の活動の結果などのみに偏重した評価が行われているのではないかとの懸念も示されており，指導要録の様式の改善などを通じて評価の観点を明確にし，観点別学習状況の評価を更に普及させていく必要があるとされた。報告ではこの点について，以下のとおり示されている。

【高等学校における観点別学習状況の評価の扱いについて】

○　高等学校においては，従前より観点別学習状況の評価が行われてきたところであるが，地域や学校によっては，その取組に差があり，形骸化している場合があるとの指摘もある。「平成29年度文科省意識調査」では，高等学校が指導要録に観点別学習状況の評価を記録している割合は，13.3％にとどまる。そのため，高等学校における観点別学習状況の評価を更に充実し，その質を高める観点から，今後国が発出する学習評価及び指導要録の改善等に係る通知の「高等学校及び特別支援学校高等部の指導要録に記載する事項等」において，観点別学習状況の評価に係る説明を充実するとともに，指導要録の参考様式に記載欄を設けることとする。

これを踏まえ，改善等通知においては，高等学校生徒指導要録に新たに観点別学習状況の評価の記載欄を設けることとした上で，以下のように示されている。

【高等学校生徒指導要録】（学習指導要領に示す各教科・科目の取扱いは次のとおり）

［各教科・科目の学習の記録］

Ⅰ　観点別学習状況

　　学習指導要領に示す各教科・科目の目標に基づき，学校が生徒や地域の実態に即して定めた当該教科・科目の目標や内容に照らして，その実現状況を観点ごとに評価し記入する。その際，

　　　　「十分満足できる」状況と判断されるもの：A

　　　　「おおむね満足できる」状況と判断されるもの：B

　　　　「努力を要する」状況と判断されるもの：C

のように区別して評価を記入する。

Ⅱ　評定

　　各教科・科目の評定は，学習指導要領に示す各教科・科目の目標に基づき，学校が生徒や地域の実態に即して定めた当該教科・科目の目標や内容に照らし，その実現状況を総括的に評価して，

　　　　「十分満足できるもののうち，特に程度が高い」状況と判断されるもの：5

　　　　「十分満足できる」状況と判断されるもの：4

　　　　「おおむね満足できる」状況と判断されるもの：3

　　　　「努力を要する」状況と判断されるもの：2

　　　　「努力を要すると判断されるもののうち，特に程度が低い」状況と判断されるもの：1

のように区別して評価を記入する。

　　評定は各教科・科目の学習の状況を総括的に評価するものであり，「観点別学習状況」において掲げられた観点は，分析的な評価を行うものとして，各教科・科目の評定を行う場合において基本的な要素となるものであることに十分留意する。その際，評定の適切な決定方法等については，各学校において定める。

　「平成29年度文科省意識調査」では，「観点別学習状況の評価は実践の蓄積があり，定着してきている」に対する「そう思う」又は「まあそう思う」との回答の割合は，小学校・中学校では80％を超えるのに対し，高等学校では約45％にとどまっている。このような現状を踏まえ，今後高等学校においては，観点別学習状況の評価を更に充実し，その質を高めることが求められている。

　また，観点別学習状況の評価や評定には示しきれない生徒一人一人のよい点や可能性，進歩の状況については，「個人内評価」として実施するものとされている。改善等通知においては，「観点別学習状況の評価になじまず個人内評価の対象となるものについては，児童生徒が学習したことの意義や価値を実感できるよう，日々の教育活動等の中で児童生徒に伝えることが重要であること。特に『学びに向かう力，人間性等』のうち『感性や思いやり』など児童生徒一人一人のよい点や可能性，進歩の状況などを積極的に評価し児童生徒に伝えることが重要であること。」と示されている。

　「3　平成30年の高等学校学習指導要領改訂を受けた評価の観点の整理」も踏まえて各教科における評価の基本構造を図示化すると，以下のようになる（図3参照）。

**図3**

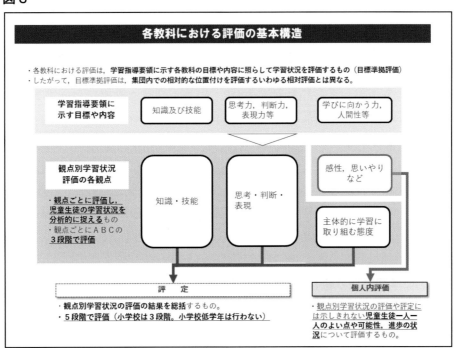

　上記の，「各教科における評価の基本構造」を踏まえた3観点の評価それぞれについての考え方は，以下の（1）〜（3）のとおりとなる。なお，この考え方は，総合的な探究の時間，特別活動においても同様に考えることができる。

### （1）「知識・技能」の評価について

　　「知識・技能」の評価は，各教科等における学習の過程を通した知識及び技能の習得状況について評価を行うとともに，それらを既有の知識及び技能と関連付けたり活用したりする中で，他の学習や生活の場面でも活用できる程度に概念等を理解したり，技能を習得したりしているかについても評価するものである。

　　「知識・技能」におけるこのような考え方は，従前の「知識・理解」（各教科等において習得すべき知識や重要な概念等を理解しているかを評価），「技能」（各教科等において習得すべき技能を身に付けているかを評価）においても重視してきたものである。

　　具体的な評価の方法としては，ペーパーテストにおいて，事実的な知識の習得を問う問題と，知識の概念的な理解を問う問題とのバランスに配慮するなどの工夫改善を図るとともに，例えば，生徒が文章による説明をしたり，各教科等の内容の特質に応じて，観察・実験したり，式やグラフで表現したりするなど，実際に知識や技能を用いる場面を設けるなど，多様な方法を適切に取り入れていくことが考えられる。

### （2）「思考・判断・表現」の評価について

　　「思考・判断・表現」の評価は，各教科等の知識及び技能を活用して課題を解決する等のために必要な思考力，判断力，表現力等を身に付けているかを評価するものである。

　　「思考・判断・表現」におけるこのような考え方は，従前の「思考・判断・表現」の観点においても重視してきたものである。「思考・判断・表現」を評価するためには，教師は「主体的・対話的で深い学び」の視点からの授業改善をする中で，生徒が思考・判断・表現する場面を効果的に設計するなどした上で，指導・評価することが求められる。

　　具体的な評価の方法としては，ペーパーテストのみならず，論述やレポートの作成，発表，グループでの話合い，作品の制作や表現等の多様な活動を取り入れたり，それらを集めたポートフォリオを活用したりするなど評価方法を工夫することが考えられる。

### （3）「主体的に学習に取り組む態度」の評価について

　　答申において「学びに向かう力，人間性等」には，①「主体的に学習に取り組む態度」として観点別学習状況の評価を通じて見取ることができる部分と，②観点別学習状況の評価や評定にはなじまず，こうした評価では示しきれないことから個人内評価を通じて見取る部分があることに留意する必要があるとされている。すなわち，②については観点別学習状況の評価の対象外とする必要がある。

　　「主体的に学習に取り組む態度」の評価に際しては，単に継続的な行動や積極的な発言を行うなど，性格や行動面の傾向を評価するということではなく，各教科等の「主体的に学習に取り組む態度」に係る観点の趣旨に照らして，知識及び技能を習得したり，思考力，判断力，表現力等を身に付けたりするために，自らの学習状況を把握し，学習の進め方について試行錯誤するなど自らの学習を調整しながら，学ぼうとしているか

どうかという意思的な側面を評価することが重要である。

　従前の「関心・意欲・態度」の観点も，各教科等の学習内容に関心をもつことのみならず，よりよく学ぼうとする意欲をもって学習に取り組む態度を評価するという考え方に基づいたものであり，この点を「主体的に学習に取り組む態度」として改めて強調するものである。

　本観点に基づく評価は，「主体的に学習に取り組む態度」に係る各教科等の評価の観点の趣旨に照らして，

①　知識及び技能を獲得したり，思考力，判断力，表現力等を身に付けたりすることに向けた粘り強い取組を行おうとしている側面

②　①の粘り強い取組を行う中で，自らの学習を調整しようとする側面

という二つの側面を評価することが求められる[2]（図4参照）。

　ここでの評価は，生徒の学習の調整が「適切に行われているか」を必ずしも判断するものではなく，学習の調整が知識及び技能の習得などに結び付いていない場合には，教師が学習の進め方を適切に指導することが求められる。

　具体的な評価の方法としては，ノートやレポート等における記述，授業中の発言，教師による行動観察や生徒による自己評価や相互評価等の状況を，教師が評価を行う際に考慮する材料の一つとして用いることなどが考えられる。

図4

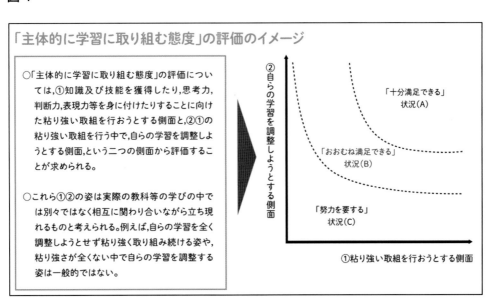

---

[2] これら①②の姿は実際の教科等の学びの中では別々ではなく相互に関わり合いながら立ち現れるものと考えられることから，実際の評価の場面においては，双方の側面を一体的に見取ることも想定される。例えば，自らの学習を全く調整しようとせず粘り強く取り組み続ける姿や，粘り強さが全くない中で自らの学習を調整する姿は一般的ではない。

　なお，学習指導要領の「２　内容」に記載のない「主体的に学習に取り組む態度」の評価については，後述する第２章１（２）を参照のこと[3]。

## 5　改善等通知における総合的な探究の時間，特別活動の指導要録の記録

　改善等通知においては，各教科の学習の記録とともに，以下の（1），（2）の各教科等の指導要録における学習の記録について以下のように示されている。

### （1）総合的な探究の時間について

　改善等通知別紙３には，「総合的な探究の時間の記録については，この時間に行った学習活動及び各学校が自ら定めた評価の観点を記入した上で，それらの観点のうち，生徒の学習状況に顕著な事項がある場合などにその特徴を記入する等，生徒にどのような力が身に付いたかを文章で端的に記述する」とされている。また，「評価の観点については，高等学校学習指導要領等に示す総合的な探究の時間の目標を踏まえ，各学校において具体的に定めた目標，内容に基づいて別紙５を参考に定める」とされている。

### （2）特別活動について

　改善等通知別紙３には，「特別活動の記録については，各学校が自ら定めた特別活動全体に係る評価の観点を記入した上で，各活動・学校行事ごとに，評価の観点に照らして十分満足できる活動の状況にあると判断される場合に，○印を記入する」とされている。また，「評価の観点については，高等学校学習指導要領等に示す特別活動の目標を踏まえ，各学校において別紙５を参考に定める。その際，特別活動の特質や学校として重点化した内容を踏まえ，例えば『主体的に生活や人間関係をよりよくしようとする態度』などのように，より具体的に定めることも考えられる。記入に当たっては，特別活動の学習が学校やホームルームにおける集団活動や生活を対象に行われるという特質に留意する」とされている。

　なお，特別活動は学級担任以外の教師が指導する活動もあることから，評価体制を確立し，共通理解を図って，生徒のよさや可能性を多面的・総合的に評価するとともに，確実に資質・能力が育成されるよう指導の改善に生かすことが求められる。

---

[3] 各教科等によって，評価の対象に特性があることに留意する必要がある。例えば，保健体育科の体育に関する科目においては，公正や協力などを，育成する「態度」として学習指導要領に位置付けており，各教科等の目標や内容に対応した学習評価が行われることとされている。

## 6 障害のある生徒の学習評価について

学習評価に関する基本的な考え方は，障害のある生徒の学習評価についても同様である。

障害のある生徒については，特別支援学校等の助言又は援助を活用しつつ，個々の生徒の障害の状態や特性及び心身の発達の段階に応じた指導内容や指導方法の工夫を行い，その評価を適切に行うことが必要である。また，指導内容や指導方法の工夫については，学習指導要領の各教科・科目の「指導計画の作成と内容の取扱い」の「指導計画作成上の配慮事項」の「障害のある生徒への配慮についての事項」についての学習指導要領解説も参考となる。

## 7 評価の方針等の生徒や保護者への共有について

学習評価の妥当性や信頼性を高めるとともに，生徒自身に学習の見通しをもたせるために，学習評価の方針を事前に生徒と共有する場面を必要に応じて設けることが求められており，生徒に評価の結果をフィードバックする際にも，どのような方針によって評価したのかを改めて生徒に共有することも重要である。

また，学習指導要領下での学習評価の在り方や基本方針等について，様々な機会を捉えて保護者と共通理解を図ることが非常に重要である。

## 第2章　学習評価の基本的な流れ

### 1　各学科に共通する各教科における評価規準の作成及び評価の実施等について

### （1）目標と「評価の観点及びその趣旨」との対応関係について

　　評価規準の作成に当たっては，各学校の実態に応じて目標に準拠した評価を行うために，「評価の観点及びその趣旨[4]」が各教科の目標を踏まえて作成されていることを確認することが必要である[5]。また，教科の目標と「評価の観点及びその趣旨」との関係性を踏まえ，科目の目標に対する「評価の観点の趣旨」を作成することが必要である。

　　なお，「主体的に学習に取り組む態度」の観点は，教科・科目の目標の（3）に対応するものであるが，観点別学習状況の評価を通じて見取ることができる部分をその内容として整理し，示していることを確認することが必要である（図5，6参照）。

**図5**

**【学習指導要領「教科の目標」】**

学習指導要領　各教科の「第1款　目標」等

| （1） | （2） | （3） |
|---|---|---|
| （知識及び技能に関する目標） | （思考力，判断力，表現力等に関する目標） | （学びに向かう力，人間性等に関する目標）[6] |

**【改善等通知　別紙5「評価の観点及びその趣旨」】**

| 観点 | 知識・技能 | 思考・判断・表現 | 主体的に学習に取り組む態度 |
|---|---|---|---|
| 趣旨 | （知識・技能の観点の趣旨） | （思考・判断・表現の観点の趣旨） | （主体的に学習に取り組む態度の観点の趣旨） |

---

[4] 各教科等の学習指導要領の目標の規定を踏まえ，観点別学習状況の評価の対象とするものについて整理したものが教科等の観点の趣旨である。

[5] 芸術科においては，「第2款　各科目」における音楽Ⅰ～Ⅲ，美術Ⅰ～Ⅲ，工芸Ⅰ～Ⅲ，書道Ⅰ～Ⅲについて，それぞれ科目の目標を踏まえて「評価の観点及びその趣旨」が作成されている。

[6] 学びに向かう力，人間性等に関する目標には，個人内評価として実施するものも含まれている。

図6

**【学習指導要領「科目の目標」】**

学習指導要領　各教科の「第2款　各科目」における科目の目標

| (1) | (2) | (3) |
|---|---|---|
| （知識及び技能に関する目標） | （思考力，判断力，表現力等に関する目標） | （学びに向かう力，人間性等に関する目標）[7] |

| 観点 | 知識・技能 | 思考・判断・表現 | 主体的に学習に取り組む態度 |
|---|---|---|---|
| 趣旨 | （知識・技能の観点の趣旨） | （思考・判断・表現の観点の趣旨） | （主体的に学習に取り組む態度の観点の趣旨） |

科目の目標に対する「評価の観点の趣旨」は各学校等において作成する

## （2）「内容のまとまりごとの評価規準」について

　　本参考資料では，評価規準の作成等について示す。具体的には，第2編において学習指導要領の規定から「内容のまとまりごとの評価規準」を作成する際の手順を示している。ここでの「内容のまとまり」とは，学習指導要領に示す各教科等の「第2款　各科目」における各科目の「1　目標」及び「2　内容」の項目等をそのまとまりごとに細分化したり整理したりしたものである[8]。平成30年に改訂された高等学校学習指導要領においては資質・能力の三つの柱に基づく構造化が行われたところであり，各学科に共通する各教科においては，学習指導要領に示す各教科の「第2款 各科目」の「2　内容」

---

[7] 脚注6を参照

[8] 各教科等の学習指導要領の「第3款　各科目にわたる指導計画の作成と内容の取扱い」1(1)に「単元（題材）などの内容や時間のまとまり」という記載があるが，この「内容や時間のまとまり」と，本参考資料における「内容のまとまり」は同義ではないことに注意が必要である。前者は，主体的・対話的で深い学びを実現するため，主体的に学習に取り組めるよう学習の見通しを立てたり学習したことを振り返ったりして自身の学びや変容を自覚できる場面をどこに設定するか，対話によって自分の考えなどを広げたり深めたりする場面をどこに設定するか，学びの深まりをつくりだすために，生徒が考える場面と教師が教える場面をどのように組み立てるか，といった視点による授業改善は，1単位時間の授業ごとに考えるのではなく，単元や題材などの一定程度のまとまりごとに検討されるべきであることが示されたものである。後者（本参考資料における「内容のまとまり」）については，本文に述べるとおりである。

において[9]，「内容のまとまり」ごとに育成を目指す資質・能力が示されている。このため，「2　内容」の記載はそのまま学習指導の目標となりうるものである[10]。学習指導要領の目標に照らして観点別学習状況の評価を行うに当たり，生徒が資質・能力を身に付けた状況を表すために，「2　内容」の記載事項の文末を「～すること」から「～している」と変換したもの等を，本参考資料において「内容のまとまりごとの評価規準」と呼ぶこととする[11]。

ただし，「主体的に学習に取り組む態度」に関しては，特に，生徒の学習への継続的な取組を通して現れる性質を有すること等から[12]，「2　内容」に記載がない[13]。そのため，各科目の「1　目標」を参考にして作成した科目の目標に対する「評価の観点の趣旨」を踏まえつつ，必要に応じて，改善等通知別紙5に示された評価の観点の趣旨のうち「主体的に学習に取り組む態度」に関わる部分を用いて「内容のまとまりごとの評価規準」を作成する必要がある。

なお，各学校においては，「内容のまとまりごとの評価規準」の考え方を踏まえて，各学校の実態を考慮し，単元や題材の評価規準等，学習評価を行う際の評価規準を作成する。

---

[9] 外国語においては「第2款　各科目」の「1　目標」である。

[10] 「2　内容」において示されている指導事項等を整理することで「内容のまとまり」を構成している教科もある。この場合は，整理した資質・能力をもとに，構成された「内容のまとまり」に基づいて学習指導の目標を設定することとなる。また，目標や評価規準の設定は，教育課程を編成する主体である各学校が，学習指導要領に基づきつつ生徒や学校，地域の実情に応じて行うことが必要である。

[11] 各学科に共通する各教科第9節家庭については，学習指導要領の「第1款　目標」(2)及び「第2款　各科目」の「1　目標」(2)に思考力・判断力・表現力等の育成に係る学習過程が記載されているため，これらを踏まえて「内容のまとまりごとの評価規準」を作成する必要がある。

[12] 各教科等の特性によって単元や題材など内容や時間のまとまりはさまざまであることから，評価を行う際は，それぞれの実現状況が把握できる段階について検討が必要である。

[13] 各教科等によって，評価の対象に特性があることに留意する必要がある。例えば，保健体育科の体育に関する科目においては，公正や協力などを，育成する「態度」として学習指導要領に位置付けており，各教科等の目標や内容に対応した学習評価が行われることとされている。

## （3）「内容のまとまりごとの評価規準」を作成する際の基本的な手順

　　各教科における[14]，「内容のまとまりごとの評価規準」を作成する際の基本的な手順は以下のとおりである。

> 　　学習指導要領に示された教科及び科目の目標を踏まえて，「評価の観点及びその趣旨」が作成されていることを理解した上で，
>
> ①　各教科における「内容のまとまり」と「評価の観点」との関係を確認する。
>
> ②　【観点ごとのポイント】を踏まえ，「内容のまとまりごとの評価規準」を作成する。

## （4）評価の計画を立てることの重要性

　　学習指導のねらいが生徒の学習状況として実現されたかについて，評価規準に照らして観察し，毎時間の授業で適宜指導を行うことは，育成を目指す資質・能力を生徒に育むためには不可欠である。その上で，評価規準に照らして，観点別学習状況の評価をするための記録を取ることになる。そのためには，いつ，どのような方法で，生徒について観点別学習状況を評価するための記録を取るのかについて，評価の計画を立てることが引き続き大切である。

　　しかし，毎時間生徒全員について記録を取り，総括の資料とするために蓄積することは現実的ではないことからも，生徒全員の学習状況を記録に残す場面を精選し，かつ適切に評価するための評価の計画が一層重要になる。

## （5）観点別学習状況の評価に係る記録の総括

　　適切な評価の計画の下に得た，生徒の観点別学習状況の評価に係る記録の総括の時期としては，単元（題材）末，学期末，学年末等の節目が考えられる。

　　総括を行う際，観点別学習状況の評価に係る記録が，観点ごとに複数ある場合は，例えば，次のような総括の方法が考えられる。

・　**評価結果のＡ，Ｂ，Ｃの数を基に総括する場合**

　　何回か行った評価結果のＡ，Ｂ，Ｃの数が多いものが，その観点の学習の実施状況を最もよく表現しているとする考え方に立つ総括の方法である。例えば，3回評価を行った結果が「ＡＢＢ」ならばＢと総括することが考えられる。なお，「ＡＡＢＢ」の総括結果をＡとするかＢとするかなど，同数の場合や三つの記号が混在する場合の総括の仕方をあらかじめ各学校において決めておく必要がある。

---

[14] 芸術科においては，「第2款　各科目」における音楽Ⅰ～Ⅲ，美術Ⅰ～Ⅲ，工芸Ⅰ～Ⅲ，書道Ⅰ～Ⅲについて，必要に応じてそれぞれ「内容のまとまりごとの評価規準」を作成する。

- **評価結果のＡ，Ｂ，Ｃを数値に置き換えて総括する場合**

　　何回か行った評価結果Ａ，Ｂ，Ｃを，例えばＡ＝３，Ｂ＝２，Ｃ＝１のように数値によって表し，合計したり平均したりする総括の方法である。例えば，総括の結果をＢとする範囲を［1.5≦平均値≦2.5］とすると，「ＡＢＢ」の平均値は，約2.3［（３＋２＋２）÷３］で総括の結果はＢとなる。

　　なお，評価の各節目のうち特定の時点に重きを置いて評価を行うこともできるが，その際平均値による方法等以外についても様々な総括の方法が考えられる。

### （6）観点別学習状況の評価の評定への総括

　　評定は，各教科の観点別学習状況の評価を総括した数値を示すものである。評定は，生徒がどの教科の学習に望ましい学習状況が認められ，どの教科の学習に課題が認められるのかを明らかにすることにより，教育課程全体を見渡した学習状況の把握と指導や学習の改善に生かすことを可能とするものである。

　　評定への総括は，学期末や学年末などに行われることが多い。学年末に評定へ総括する場合には，学期末に総括した評定の結果を基にする場合と，学年末に観点ごとに総括した結果を基にする場合が考えられる。

　　観点別学習状況の評価の評定への総括は，各観点の評価結果をＡ，Ｂ，Ｃの組合せ，又は，Ａ，Ｂ，Ｃを数値で表したものに基づいて総括し，その結果を５段階で表す。

　　Ａ，Ｂ，Ｃの組合せから評定に総括する場合，「ＢＢＢ」であれば３を基本としつつ，「ＡＡＡ」であれば５又は４，「ＣＣＣ」であれば２又は１とするのが適当であると考えられる。それ以外の場合は，各観点のＡ，Ｂ，Ｃの数の組合せから適切に評定することができるようあらかじめ各学校において決めておく必要がある。

　　なお，観点別学習状況の評価結果は，「十分満足できる」状況と判断されるものをＡ，「おおむね満足できる」状況と判断されるものをＢ，「努力を要する」状況と判断されるものをＣのように表されるが，そこで表された学習の実現状況には幅があるため，機械的に評定を算出することは適当ではない場合も予想される。

　　また，評定は，高等学校学習指導要領等に示す各教科・科目の目標に照らして，その実現状況を「十分満足できるもののうち，特に程度が高い」状況と判断されるものを５，「十分満足できる」状況と判断されるものを４，「おおむね満足できる」状況と判断されるものを３，「努力を要する」状況と判断されるものを２，「努力を要すると判断されるもののうち，特に程度が低い」状況と判断されるものを１（単位不認定）という数値で表される。しかし，この数値を生徒の学習状況について五つに分類したものとして捉えるのではなく，常にこの結果の背後にある生徒の具体的な学習の実現状況を思い描き，適切に捉えることが大切である。評定への総括に当たっては，このようなことも十分に検討する必要がある[15]。また，各学校では観点別学習状況の評価の観点ごとの総括

---

[15] 改善等通知では，「評定は各教科の学習の状況を総括的に評価するものであり，『観点別

及び評定への総括の考え方や方法について，教師間で共通理解を図り，生徒及び保護者に十分説明し理解を得ることが大切である。

## 2　主として専門学科（職業教育を主とする専門学科）において開設される各教科における評価規準の作成及び評価の実施等について

### （1）目標と「評価の観点及びその趣旨」との対応関係について

評価規準の作成に当たっては，各学校の実態に応じて目標に準拠した評価を行うために，「評価の観点及びその趣旨」が各教科の目標を踏まえて作成されていることを確認することが必要である。また，教科の目標と「評価の観点及びその趣旨」との関係性を踏まえ，科目の目標に対する「評価の観点の趣旨」を作成することが必要である。

なお，「主体的に学習に取り組む態度」の観点は，教科・科目の目標の（3）に対応するものであるが，観点別学習状況の評価を通じて見取ることができる部分をその内容として整理し，示していることを確認することが必要である（図7，8参照）。

**図7**

**【学習指導要領「教科の目標」】**

学習指導要領　各教科の「第1款　目標」

| (1) | (2) | (3) |
|---|---|---|
| （知識及び技術に関する目標） | （思考力，判断力，表現力等に関する目標） | （学びに向かう力，人間性等に関する目標）[16] |

**【改善等通知　別紙5「評価の観点及びその趣旨」】**

| 観点 | 知識・技術 | 思考・判断・表現 | 主体的に学習に取り組む態度 |
|---|---|---|---|
| 趣旨 | （知識・技術の観点の趣旨） | （思考・判断・表現の観点の趣旨） | （主体的に学習に取り組む態度の観点の趣旨） |

---

学習状況』において掲げられた観点は，分析的な評価を行うものとして，各教科の評定を行う場合において基本的な要素となるものであることに十分留意する。その際，評定の適切な決定方法等については，各学校において定める。」と示されている（P.8参照）。

[16] 脚注6を参照

図8

**【学習指導要領「科目の目標」】**

学習指導要領　各教科の「第2款　各科目」における科目の目標

| (1) | (2) | (3) |
|---|---|---|
| （知識及び技術に関する目標） | （思考力，判断力，表現力等に関する目標） | （学びに向かう力，人間性等に関する目標）[17] |

| 観点 | 知識・技術 | 思考・判断・表現 | 主体的に学習に取り組む態度 |
|---|---|---|---|
| 趣旨 | （知識・技術の観点の趣旨） | （思考・判断・表現の観点の趣旨） | （主体的に学習に取り組む態度の観点の趣旨） |
|  | 科目の目標に対する「評価の観点の趣旨」は各学校等において作成する | | |

## （2）職業教育を主とする専門学科において開設される「〔指導項目〕ごとの評価規準」について

　職業教育を主とする専門学科においては，学習指導要領の規定から「〔指導項目〕ごとの評価規準」を作成する際の手順を示している。

　平成30年に改訂された高等学校学習指導要領においては資質・能力の三つの柱に基づく構造化が行われたところであり，職業教育を主とする専門学科においては，学習指導要領解説に示す各科目の「第2　内容とその取扱い」の「2　内容」の各〔指導項目〕において，育成を目指す資質・能力が示されている。このため，「2　内容〔指導項目〕」の記載はそのまま学習指導の目標となりうるものである。学習指導要領及び学習指導要領解説の目標に照らして観点別学習状況の評価を行うに当たり，生徒が資質・能力を身に付けた状況を表すために，「2　内容〔指導項目〕」の記載事項の文末を「～すること」から「～している」と変換したもの等を，本参考資料において「〔指導項目〕ごとの評価規準」と呼ぶこととする。

　なお，職業教育を主とする専門学科については，「2　内容〔指導項目〕」に「学びに向かう力・人間性」に係る項目が存在する。この「学びに向かう力・人間性」に係る項目から，観点別学習状況の評価になじまない部分等を除くことで「主体的に学習に取り組む態度」の「〔指導項目〕ごとの評価規準」を作成することができる。

　これらを踏まえ，職業教育を主とする専門学科においては，各科目における「内容のまとまり」を〔指導項目〕に置き換えて記載することとする。

---

[17] 脚注6を参照

各学校においては,「〔指導項目〕ごとの評価規準」の考え方を踏まえて,各学校の実態を考慮し,単元の評価規準等,学習評価を行う際の評価規準を作成する。

## （3）「〔指導項目〕ごとの評価規準」を作成する際の基本的な手順

職業教育を主とする専門学科における,「〔指導項目〕ごとの評価規準」を作成する際の基本的な手順は以下のとおりである。

---

学習指導要領に示された教科及び科目の目標を踏まえて,「評価の観点及びその趣旨」が作成されていることを理解した上で,

① 各科目における〔指導項目〕と「評価の観点」との関係を確認する。

② 【観点ごとのポイント】を踏まえ,「〔指導項目〕ごとの評価規準」を作成する。

---

## 3 総合的な探究の時間における評価規準の作成及び評価の実施等について
## （1）総合的な探究の時間の「評価の観点」について

平成30年に改訂された高等学校学習指導要領では,各教科等の目標や内容を「知識及び技能」,「思考力,判断力,表現力等」,「学びに向かう力,人間性等」の資質・能力の三つの柱で再整理しているが,このことは総合的な探究の時間においても同様である。

総合的な探究の時間においては,学習指導要領が定める目標を踏まえて各学校が目標や内容を設定するという総合的な探究の時間の特質から,各学校が観点を設定するという枠組みが維持されている。一方で,各学校が目標や内容を定める際には,学習指導要領において示された以下について考慮する必要がある。

---

【各学校において定める目標】
・ 各学校において定める目標については,各学校における教育目標を踏まえ,総合的な探究の時間を通して育成を目指す資質・能力を示すこと。　　　（第2の3(1)）

---

総合的な探究の時間を通して育成を目指す資質・能力を示すとは,各学校における教育目標を踏まえて,各学校において定める目標の中に,この時間を通して育成を目指す資質・能力を,三つの柱に即して具体的に示すということである。

---

【各学校において定める内容】
・ 探究課題の解決を通して育成を目指す具体的な資質・能力については,次の事項に配慮すること。
　ア　知識及び技能については,他教科等及び総合的な探究の時間で習得する知識及び技能が相互に関連付けられ,社会の中で生きて働くものとして形成されるようにすること。
　イ　思考力,判断力,表現力等については,課題の設定,情報の収集,整理・分析,

---

> まとめ・表現などの探究的な学習の過程において発揮され，未知の状況において活用できるものとして身に付けられるようにすること。
> ウ　学びに向かう力，人間性等については，自分自身に関すること及び他者や社会との関わりに関することの両方の視点を踏まえること。　　　　　（第2の3(6)）

　各学校において定める内容について，今回の改訂では新たに，「目標を実現するにふさわしい探究課題」，「探究課題の解決を通して育成を目指す具体的な資質・能力」の二つを定めることが示された。「探究課題の解決を通して育成を目指す具体的な資質・能力」とは，各学校において定める目標に記された資質・能力を，各探究課題に即して具体的に示したものであり，教師の適切な指導の下，生徒が各探究課題の解決に取り組む中で，育成することを目指す資質・能力のことである。この具体的な資質・能力も，「知識及び技能」，「思考力，判断力，表現力等」，「学びに向かう力，人間性等」という資質・能力の三つの柱に即して設定していくことになる。

　このように，各学校において定める目標と内容には，三つの柱に沿った資質・能力が明示されることになる。

　したがって，資質・能力の三つの柱で再整理した学習指導要領の下での指導と評価の一体化を推進するためにも，評価の観点についてこれらの資質・能力に関わる「知識・技能」，「思考・判断・表現」，「主体的に学習に取り組む態度」の3観点に整理し示したところである。

### （2）総合的な探究の時間の「内容のまとまり」の考え方

　学習指導要領の第2の2では，「各学校においては，第1の目標を踏まえ，各学校の総合的な探究の時間の内容を定める。」とされている。これは，各学校が，学習指導要領が定める目標の趣旨を踏まえて，地域や学校，生徒の実態に応じて，創意工夫を生かした内容を定めることが期待されているからである。

　この内容の設定に際しては，前述したように「目標を実現するにふさわしい探究課題」，「探究課題の解決を通して育成を目指す具体的な資質・能力」の二つを定めることが示され，探究課題としてどのような対象と関わり，その探究課題の解決を通して，どのような資質・能力を育成するのかが内容として記述されることになる（図9参照）。

　本参考資料第1編第2章の1（2）では，「内容のまとまり」について，「学習指導要領に示す各教科等の『第2款　各科目』における各科目の『1　目標』及び『2　内容』の項目等をそのまとまりごとに細分化したり整理したりしたもので，『内容のまとまり』ごとに育成を目指す資質・能力が示されている」と説明されている。

　したがって，総合的な探究の時間における「内容のまとまり」とは，全体計画に示した「目標を実現するにふさわしい探究課題」のうち，一つ一つの探究課題とその探究課題に応じて定めた具体的な資質・能力と考えることができる。

図9

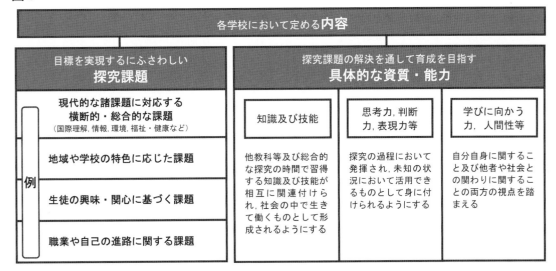

**（3）「内容のまとまりごとの評価規準」を作成する際の基本的な手順**

　　総合的な探究の時間における，「内容のまとまりごとの評価規準」を作成する際の基本的な手順は以下のとおりである。

> ①　各学校において定めた目標（第2の1）と「評価の観点及びその趣旨」を確認する。
>
> ②　各学校において定めた内容の記述（「内容のまとまり」として探究課題ごとに作成した「探究課題の解決を通して育成を目指す具体的な資質・能力」）が，観点ごとにどのように整理されているかを確認する。
>
> ③【観点ごとのポイント】を踏まえ，「内容のまとまりごとの評価規準」を作成する。

## 4　特別活動の「評価の観点」とその趣旨，並びに評価規準の作成及び評価の実施等について

**（1）特別活動の「評価の観点」とその趣旨について**

　　特別活動においては，改善等通知において示されたように，特別活動の特質と学校の創意工夫を生かすということから，設置者ではなく，「各学校で評価の観点を定める」ものとしている。本参考資料では「評価の観点」とその趣旨の設定について示している。

**（2）特別活動の「内容のまとまり」**

　　学習指導要領「第2　各活動・学校行事の目標及び内容」〔ホームルーム活動〕「2　内容」の「(1)ホームルームや学校における生活づくりへの参画」，「(2)日常の生活や学習への適応と自己の成長及び健康安全」，「(3)一人一人のキャリア形成と自己実現」，〔生徒会活動〕，〔学校行事〕「2　内容」の(1)儀式的行事，(2)文化的行事，(3)健康安全・体育的行事，(4)旅行・集団宿泊的行事，(5)勤労生産・奉仕的行事をそれぞれ「内容のまとまり」とした。

## （3）特別活動の「評価の観点」とその趣旨，並びに「内容のまとまりごとの評価規準」を作成する際の基本的な手順

　各学校においては，学習指導要領に示された特別活動の目標及び内容を踏まえ，自校の実態に即し，改善等通知の例示を参考に観点を作成する。その際，例えば，特別活動の特質や学校として重点化した内容を踏まえて，具体的な観点を設定することが考えられる。

　また，学習指導要領解説では，各活動・学校行事の内容ごとに育成を目指す資質・能力が例示されている。そこで，学習指導要領で示された「各活動・学校行事の目標」及び学習指導要領解説で例示された「資質・能力」を確認し，各学校の実態に合わせて育成を目指す資質・能力を重点化して設定する。

　次に，各学校で設定した，各活動・学校行事で育成を目指す資質・能力を踏まえて，「内容のまとまりごとの評価規準」を作成する。基本的な手順は以下のとおりである。

---

① 　学習指導要領の「特別活動の目標」と改善等通知を確認する。

② 　学習指導要領の「特別活動の目標」と自校の実態を踏まえ，改善等通知の例示を参考に，特別活動の「評価の観点」とその趣旨を設定する。

③ 　学習指導要領の「各活動・学校行事の目標」及び学習指導要領解説特別活動編（平成 30 年 7 月）で例示した「各活動・学校行事における育成を目指す資質・能力」を参考に，各学校において育成を目指す資質・能力を重点化して設定する。

④ 　【観点ごとのポイント】を踏まえ，「内容のまとまりごとの評価規準」を作成する。

---

**（参考）平成 24 年「評価規準の作成，評価方法等の工夫改善のための参考資料」からの
　　　　変更点について**

　今回作成した本参考資料は，平成 24 年の「評価規準の作成，評価方法等の工夫改善の
ための参考資料」を踏襲するものであるが，以下のような変更点があることに留意が必要
である[18]。

　まず，平成 24 年の参考資料において使用していた「評価規準に盛り込むべき事項」や
「評価規準の設定例」については，報告において「現行の参考資料のように評価規準を詳
細に示すのではなく，各教科等の特質に応じて，学習指導要領の規定から評価規準を作成
する際の手順を示すことを基本とする」との指摘を受け，第 2 編において示すことを改
め，本参考資料の第 3 編における事例の中で，各教科等の事例に沿った評価規準を例示し
たり，その作成手順等を紹介したりする形に改めている。

　次に，本参考資料の第 2 編に示す「内容のまとまりごとの評価規準」は，平成 24 年の
「評価規準の作成，評価方法等の工夫改善のための参考資料」において示した「評価規準
に盛り込むべき事項」と作成の手順を異にする。具体的には，「評価規準に盛り込むべき
事項」は，平成 21 年改訂学習指導要領における各教科等の目標及び内容の記述を基に，
学習評価及び指導要録の改善通知で示している各教科等の評価の観点及びその趣旨を踏
まえて作成したものである。

　また，平成 24 年の参考資料では「評価規準に盛り込むべき事項」をより具体化したも
のを「評価規準の設定例」として示している。「評価規準の設定例」は，原則として，学
習指導要領の各教科等の目標及び内容のほかに，当該部分の学習指導要領解説（文部科学
省刊行）の記述を基に作成していた。他方，本参考資料における「内容のまとまりごとの
評価規準」については，平成 30 年改訂の学習指導要領の目標及び内容が育成を目指す資
質・能力に関わる記述で整理されたことから，既に確認のとおり，そこでの「内容のまと
まり」ごとの記述を，文末を変換するなどにより評価規準とすることを可能としており，
学習指導要領の記載と表裏一体をなす関係にあると言える。

　さらに，「主体的に学習に取り組む態度」の「各教科等の評価の観点の趣旨」について
である。前述のとおり，従前の「関心・意欲・態度」の観点から「主体的に学習に取り組
む態度」の観点に改められており，「主体的に学習に取り組む態度」の観点に関しては各
科目の「1　目標」を参考にしつつ，必要に応じて，改善等通知別紙 5 に示された評価の
観点の趣旨のうち「主体的に学習に取り組む態度」に関わる部分を用いて「内容のまとま
りごとの評価規準」を作成する必要がある。報告にあるとおり，「主体的に学習に取り組
む態度」は，現行の「関心・意欲・態度」の観点の本来の趣旨であった，各教科等の学習
内容に関心をもつことのみならず，よりよく学ぼうとする意欲をもって学習に取り組む

---

[18] 特別活動については，平成 30 年改訂学習指導要領を受け，初めて作成するものである。

態度を評価することを改めて強調するものである。また，本観点に基づく評価としては，「主体的に学習に取り組む態度」に係る各教科等の評価の観点の趣旨に照らし，

　① 知識及び技能を獲得したり，思考力，判断力，表現力等を身に付けたりすることに向けた粘り強い取組を行おうとする側面と，

　② ①の粘り強い取組を行う中で，自らの学習を調整しようとする側面，

という二つの側面を評価することが求められるとされた[19]。

　以上の点から，今回の改善等通知で示した「主体的に学習に取り組む態度」の「各教科等の評価の観点の趣旨」は，平成22年通知で示した「関心・意欲・態度」の「各教科等の評価の観点の趣旨」から改められている。

---

[19] 脚注11を参照

# 第2編

# 「内容のまとまりごとの評価規準」
# を作成する際の手順

# 1　高等学校芸術科（工芸）の「内容のまとまり」

　高等学校芸術科（工芸）における「内容のまとまり」は，工芸Ⅰを例にあげると以下のようになっている。

---

第7　工芸Ⅰ

　　「身近な生活と工芸　「A表現」(1)，〔共通事項〕」

　　「社会と工芸　「A表現」(2)，〔共通事項〕」

　　「作品や工芸の伝統と文化などの鑑賞　「B鑑賞」，〔共通事項〕」

---

※第8　工芸Ⅱ，第9　工芸Ⅲにおいても，同様の「内容のまとまり」となっている。

## 2 高等学校芸術科（工芸）における「内容のまとまりごとの評価規準」作成の手順

　ここでは，科目工芸Ⅰの「身近な生活と工芸「Ａ表現」(1)，〔共通事項〕」及び「作品や工芸の伝統と文化などの鑑賞 「Ｂ鑑賞」，〔共通事項〕」を取り上げて，「内容のまとまりごとの評価規準」作成の手順を説明する。

　まず，学習指導要領に示された教科及び科目の目標を踏まえて，「評価の観点及びその趣旨」が作成されていることを理解する。次に，教科及び科目の目標と「評価の観点及びその趣旨」の関係性を踏まえ，各科目の目標に対する「評価の観点の趣旨」を作成する。その上で，①及び②の手順を踏む。

## ＜例１　「身近な生活と工芸「Ａ表現」(1)，〔共通事項〕」＞

**【高等学校学習指導要領　第2章　第7節　芸術「第1款 目標」】**

　芸術の幅広い活動を通して，各科目における見方・考え方を働かせ，生活や社会の中の芸術や芸術文化と豊かに関わる資質・能力を次のとおり育成することを目指す。

| (1) | (2) | (3) |
|---|---|---|
| 芸術に関する各科目の特質について理解するとともに，意図に基づいて表現するための技能を身に付けるようにする。 | 創造的な表現を工夫したり，芸術のよさや美しさを深く味わったりすることができるようにする。 | 生涯にわたり芸術を愛好する心情を育むとともに，感性を高め，心豊かな生活や社会を創造していく態度を養い，豊かな情操を培う。 |

（高等学校学習指導要領 P. 141）

**【改善等通知　別紙5　各教科等の評価の観点及びその趣旨　＜芸術（工芸）＞】**

| 知識・技能 | 思考・判断・表現 | 主体的に学習に取り組む態度 |
|---|---|---|
| ・対象や事象を捉える造形的な視点について理解を深めている。<br>・創造的な工芸の制作をするために必要な技能を身に付け，意図に応じて制作方法を創意工夫し，表している。 | 造形的なよさや美しさ，表現の意図と創意工夫，工芸の働きなどについて考えるとともに，思いや願いなどから発想や構想を練ったり，工芸や工芸の伝統と文化に対する見方や感じ方を深めたりしている。 | 工芸や工芸の伝統と文化と豊かに関わり主体的に表現及び鑑賞の創造活動に取り組もうとしている。 |

（改善等通知　別紙5　P. 3）

**【高等学校学習指導要領　第2章　第7節　芸術「第2款　第7　工芸Ⅰ　1　目標」】**

　工芸の幅広い創造活動を通して，造形的な見方・考え方を働かせ，美的体験を重ね，生活や社会の中の工芸や工芸の伝統と文化と幅広く関わる資質・能力を次のとおり育成することを目指す。

| (1) | (2) | (3) |
|---|---|---|
| 対象や事象を捉える造形的な視点について理解を深めるとともに，意図に応じて制作方法を創意工夫し，創造的に表すことができるようにする。 | 造形的なよさや美しさ，表現の意図と創意工夫，工芸の働きなどについて考え，思いや願いなどから心豊かに発想し構想を練ったり，価値意識をもって工芸や工芸の伝統と文化に対する見方や感じ方を深めたりすることができるようにする。 | 主体的に工芸の幅広い創造活動に取り組み，生涯にわたり工芸を愛好する心情を育むとともに，感性を高め，工芸の伝統と文化に親しみ，生活や社会を心豊かにするために工夫する態度を養う。 |

(高等学校学習指導要領 P. 152)

　以下は，教科の目標と「評価の観点及びその趣旨」の関係性を踏まえた，科目の目標に対する「評価の観点の趣旨」の例である。

**【「第2款　第7　工芸Ⅰ」の評価の観点の趣旨（例）】**

| 知識・技能 | 思考・判断・表現 | 主体的に学習に取り組む態度 |
|---|---|---|
| ・対象や事象を捉える造形的な視点について理解を深めている。<br>・意図に応じて制作方法を創意工夫し，創造的に表している。 | 造形的なよさや美しさ，表現の意図と創意工夫，工芸の働きなどについて考え，思いや願いなどから心豊かに発想し構想を練ったり，価値意識をもって工芸や工芸の伝統と文化に対する見方や感じ方を深めたりしている。 | 主体的に工芸の幅広い創造活動に取り組もうとしている。 |

※高等学校芸術科（工芸）の評価の観点において「知識・技能」は，「造形的な視点を豊かにするための知識」と「創造的に表す技能」とに整理していることから二つに分けて示している。また，「思考・判断・表現」は，「A表現」において育成する発想や構想に関する資質・能力と「B鑑賞」において育成する鑑賞に関する資質・能力とに整理しているが，発想や構想と鑑賞の双方に重なる資質・能力の育成を重視していることからまとめて示している。

## ① 各科目における「内容のまとまり」と「評価の観点」との関係を確認する。

　ここでは，「身近な生活と工芸」の「内容のまとまり」を例に，学習指導要領に示された内容と「評価の観点」との関係を確認する。


「A表現」

（1）身近な生活と工芸

　　身近な生活と工芸に関する次の事項を身に付けることができるよう指導する。

　ア　身近な生活の視点に立った発想や構想

　　(ア)　自然や素材，自己の思いなどから心豊かな発想をすること。

　　(イ)　用途と美しさとの調和を考え，日本の伝統的な表現のよさなどを生かした制作の構想を練ること。

　イ　発想や構想をしたことを基に，創造的に表す技能

　　(ア)　制作方法を踏まえ，意図に応じて材料や用具を生かすこと。

　　(イ)　手順や技法などを吟味し，創造的に表すこと。


〔共通事項〕

（1）「A表現」及び「B鑑賞」の指導を通して，次の事項を身に付けることができるよう指導する。

　ア　造形の要素の働きを理解すること。

　イ　造形的な特徴などを基に，全体のイメージや作風，様式などで捉えることを理解すること。

| | |
|---|---|
| ＿＿＿（下線） | …「知識及び技能」のうちの「知識」に関する内容 |
| ＿＿＿（二重下線） | …「知識及び技能」のうちの「技能」に関する内容 |
| 〜〜〜（波線） | …「思考力，判断力，表現力等」に関する内容 |

## ②　【観点ごとのポイント】を踏まえ，「内容のまとまりごとの評価規準」を作成する。

### （１）「内容のまとまりごとの評価規準」を作成する際の【観点ごとのポイント】

○「知識・技能」のポイント

　「知識」については，工芸Ⅰの「評価の観点の趣旨」を「対象や事象を捉える造形的な視点について理解を深めている」としており，具体的には〔共通事項〕の内容を示している。評価規準の作成では，〔共通事項〕(1)の「ア　造形の要素の働きを理解すること」や「イ　造形的な特徴などを基に，全体のイメージや作風，様式などで捉えることを理解すること」について文末を「〜理解している」と示すことで，評価規準を作成することができる。

　なお，「知識」の評価規準の作成に当たっては，「３　内容の取扱い」の〔共通事項〕の取扱いにおいて，「(3) 内容の〔共通事項〕は，表現及び鑑賞の学習において共通に必要となる資質・能力であり，「Ａ表現」及び「Ｂ鑑賞」の指導と併せて，十分な指導を行い，各事項の実感的な理解を通して，生徒が造形を豊かに捉える多様な視点がもてるように配慮するものとする」としていることに留意する。このことは，ここでの知識は単に新たな事柄として知ることや言葉を暗記することに終始するものではないことを示している。そのため，「知識」の評価を行う際には，〔共通事項〕の各指導事項に示されている「理解すること」とは，生徒一人一人の造形的な視点を豊かにするために，造形の要素の働きや，造形的な特徴などを基に，全体のイメージや作風，様式などで捉えるということを踏まえ，実感的に理解している状況を見取るようにすることが大切である。

　「技能」については，工芸Ⅰの「評価の観点の趣旨」を「意図に応じて制作方法を創意工夫し，創造的に表している」としており，具体的には「Ａ表現」(1)イの内容を示している。評価規準の作成では，題材に応じて「(ア) 制作方法を踏まえ，意図に応じて材料や用具を生かすこと」や「(イ) 手順や技法などを吟味し，創造的に表すこと」について「〜している」と示すことで，評価規準を作成することができる。

○「思考・判断・表現」のポイント

　「思考・判断・表現」については，工芸Ⅰの「評価の観点の趣旨」を「造形的なよさや美しさ，表現の意図と創意工夫，工芸の働きなどについて考え，思いや願いなどから心豊かに発想し構想を練ったり，価値意識をもって工芸や工芸の伝統と文化に対する見方や感じ方を深めたりしている」としており，具体的には「Ａ表現」の各分野のア及び「Ｂ鑑賞」の内容を示している。

　ここでは，〔Ａ表現」(1)「身近な生活と工芸」の内容のまとまりを例にしているので，「Ａ表現」(1)アの「(ア) 自然や素材，自己の思いなどから心豊かな発想をすること」及び「(イ) 用途と美しさとの調和を考え，日本の伝統的な表現のよさなどを生かした制作の構想を練ること」について文末を，「〜している」と示すことで，評価規準を作成することができる。また，発想や構想と鑑賞の双方に重なる資質・能力として「造形的なよさや美しさ，表現の意図と創意工夫，工芸の働きなどについて考える」ことなどについて留意しながら評価することになる。

○「**主体的に学習に取り組む態度**」のポイント

　「主体的に学習に取り組む態度」については，工芸Ⅰの「評価の観点の趣旨」を「主体的に工芸の幅広い創造活動に取り組もうとしている」としており，題材において設定した「知識及び技能」や「思考力，判断力，表現力等」の資質・能力を，生徒が学習活動の中で主体的に身に付けようとしたり，発揮しようとしたりすることへ向かう態度を評価することになる。その際，よりよい制作を目指して構想や技能を工夫改善し，粘り強く取り組む態度などに着目する事が大切である。ここでは，「A表現」(1)「身近な生活と工芸」の内容のまとまりを例にしているので，工芸Ⅰの「評価の観点の趣旨」と「A表現」(1)の「内容のまとまり」に応じて評価規準を作成することができる。

**（2）学習指導要領の「2　内容」及び「内容のまとまりごとの評価規準（例）」**

| | 知識及び技能 | 思考力，判断力，表現力等 | 学びに向かう力，人間性等 |
|---|---|---|---|
| 学習指導要領　2　内容 | 〔共通事項〕<br>(1)　「A表現」及び「B鑑賞」の指導を通して，次の事項を身に付けることができるよう指導する。<br>　ア　造形の要素の働きを理解すること。<br>　イ　造形的な特徴などを基に，全体のイメージや作風，様式などで捉えることを理解すること。<br><br>「A表現」<br>(1)　身近な生活と工芸<br>　身近な生活と工芸に関する次の事項を身に付けることができるよう指導する。<br>　イ　発想や構想をしたことを基に，創造的に表す技能<br>　(ｱ)　制作方法を踏まえ，意図に応じて材料や用具を生かすこと。<br>　(ｲ)　手順や技法などを吟味し，創造的に表すこと。 | 「A表現」<br>(1)　身近な生活と工芸<br>　身近な生活と工芸に関する次の事項を身に付けることができるよう指導する。<br>　ア　身近な生活の視点に立った発想や構想<br>　(ｱ)　自然や素材，自己の思いなどから心豊かな発想をすること。<br>　(ｲ)　用途と美しさとの調和を考え，日本の伝統的な表現のよさなどを生かした制作の構想を練ること。 | ※内容には，学びに向かう力，人間性等について示されていないことから，該当科目の目標(3)及び「知識及び技能」，「思考力，判断力，表現力等」に該当する学習指導要領の内容を参考にする。 |

| 内容のまとまりごとの評価規準例 | 知識・技能 | 思考・判断・表現 | 主体的に学習に取り組む態度 |
|---|---|---|---|
| | ・造形の要素の働きを理解している。<br>・造形的な特徴などを基に，全体のイメージや作風，様式などで捉えることを理解している。<br><br>・制作方法を踏まえ，意図に応じて材料や用具を生かしている。<br>・手順や技法などを吟味し，創造的に表している。 | ・自然や素材，自己の思いなどから心豊かな発想をしている。<br>・用途と美しさとの調和を考え，日本の伝統的な表現のよさなどを生かした制作の構想を練っている。 | ・主体的に身近な生活と工芸の表現の創造活動に取り組もうとしている。<br><br><br>※必要に応じて工芸Ⅰの「評価の観点の趣旨」のうち「主体的に学習に取り組む態度」に関わる部分を用いて作成する。 |

※各学校においては，「内容のまとまりごとの評価規準」の考え方を踏まえて，各学校の実態を考慮し，題材等の評価規準を作成する。具体的には第3編において事例を示している。

<例2　「作品や工芸の伝統と文化などの鑑賞　「B鑑賞」及び〔共通事項〕」>

**【高等学校学習指導要領　第2章　第7節　芸術「第1款 目標」】及び【改善等通知　別紙5　各教科等の評価の観点及びその趣旨　<芸術（工芸）>】**

<例1と同様>のため省略

**【高等学校学習指導要領　第2章　第7節　芸術「第2款　第7　工芸Ⅰ　1 目標」】及び【「第2款　第7　工芸Ⅰ」の評価の観点の趣旨（例）】**

<例1と同様>のため省略

① **各科目における「内容のまとまり」と「評価の観点」との関係を確認する。**

　ここでは，「作品や工芸の伝統と文化などの鑑賞」の「内容のまとまり」を例に，学習指導要領に示された内容と「評価の観点」との関係を確認する。

「B鑑賞」
(1) 鑑賞
　鑑賞に関する次の事項を身に付けることができるよう指導する。
　ア　工芸作品などの見方や感じ方を深める鑑賞
　　(ｱ) 身近な生活の視点に立ってよさや美しさを感じ取り，作者の心情や意図と制作過程における工夫や素材の生かし方，技法などについて考え，見方や感じ方を深めること。
　　(ｲ) 社会的な視点に立ってよさや美しさを感じ取り，作者の心情や意図と制作過程における工夫や素材の生かし方，技法などについて考え，見方や感じ方を深めること。
　イ　生活や社会の中の工芸の働きや工芸の伝統と文化についての見方や感じ方を深める鑑賞
　　(ｱ) 環境の中に見られる造形的なよさや美しさを感じ取り，自然と工芸との関わり，生活や社会を心豊かにする工芸の働きについて考え，見方や感じ方を深めること。
　　(ｲ) 工芸作品や文化遺産などから日本の工芸の特質や美意識を感じ取り，工芸の伝統と文化について考え，見方や感じ方を深めること。

〔共通事項〕
(1) 「A表現」及び「B鑑賞」の指導を通して，次の事項を身に付けることができるよう指導する。
　ア　造形の要素の働きを理解すること。
　イ　造形的な特徴などを基に，全体のイメージや作風，様式などで捉えることを理解すること。

> ___（下線）___…「知識及び技能」のうちの「知識」に関する内容
>
> ～～（波線）～～…「思考力，判断力，表現力等」に関する内容

## ②　【観点ごとのポイント】を踏まえ，「内容のまとまりごとの評価規準」を作成する。

### （1）「内容のまとまりごとの評価規準」を作成する際の【観点ごとのポイント】

**○「知識・技能」のポイント**

　「知識」については，工芸Ⅰの「評価の観点の趣旨」を「対象や事象を捉える造形的な視点について理解を深めている」としており，具体的には〔共通事項〕の内容を示している。したがって評価規準についての考え方や作成の手順などは，例1と同様である。

　「技能」については，具体的には「A表現」の各分野のイの指導事項の内容を示していることから，独立した「B鑑賞」の題材では，内容のまとまりごとでは評価規準として位置付けない。

**○「思考・判断・表現」のポイント**

　「思考・判断・表現」については，工芸Ⅰの「評価の観点の趣旨」を「造形的なよさや美しさ，表現の意図と創意工夫，工芸の働きなどについて考え，思いや願いなどから心豊かに発想し構想を練ったり，価値意識をもって工芸や工芸の伝統と文化に対する見方や感じ方を深めたりしている」としており，具体的には「A表現」の各分野のア及び「B鑑賞」の内容を示している。

　ここでは，「作品や工芸の伝統と文化などの鑑賞」の内容のまとまりを例にしているので，例えば「B鑑賞」(1)アの「(ｱ)　身近な生活の視点に立ってよさや美しさを感じ取り，作者の心情や意図と制作過程における工夫や素材の生かし方，技法などについて考え，見方や感じ方を深めること」について，文末を「～している」と示すことで，評価規準を作成することができる。また，発想や構想と鑑賞の双方に重なる資質・能力として「造形的なよさや美しさ，表現の意図と創意工夫，工芸の働きなどについて考える」ことなどについて留意しながら評価することになる。

**○「主体的に学習に取り組む態度」のポイント**

　「主体的に学習に取り組む態度」については，工芸Ⅰの「評価の観点の趣旨」を「主体的に工芸の幅広い創造活動に取り組もうとしている」としており，題材において設定した「知識及び技能」や「思考力，判断力，表現力等」の資質・能力を，生徒が学習活動の中で主体的に身に付けようとしたり，発揮しようとしたりすることへ向かう態度を評価することになる。その際，作品のよさや美しさなどを新しい視点を探しながら見方や感じ方を深めようと粘り強く取り組む態度などに着目する事が大切である。ここでは，「作品や工芸の伝統と文化などの鑑賞」の内容のまとまりを例にしているので，工芸Ⅰの「評価の観点の趣旨」と「B鑑賞」の「内容のまとまり」に応じて評価規準を作成することができる。

**（2）学習指導要領の「2　内容」 及び 「内容のまとまりごとの評価規準（例）」**

| | | 知識及び技能 | 思考力，判断力，表現力等 | 学びに向かう力，人間性等 |
|---|---|---|---|---|
| 学習指導要領 2 内容 | | 〔共通事項〕<br>(1) 「A表現」及び「B鑑賞」の指導を通して，次の事項を身に付けることができるよう指導する。<br>　ア　造形の要素の働きを理解すること。<br>　イ　造形的な特徴などを基に，全体のイメージや作風，様式などで捉えることを理解すること。 | 「B鑑賞」<br>(1) 鑑賞<br>　鑑賞に関する次の事項を身に付けることができるよう指導する。<br>　ア　工芸作品などの見方や感じ方を深める鑑賞<br>　(ｱ) 身近な生活の視点に立ってよさや美しさを感じ取り，作者の心情や意図と制作過程における工夫や素材の生かし方，技法などについて考え，見方や感じ方を深めること。<br>　(ｲ) 社会的な視点に立ってよさや美しさを感じ取り，作者の心情や意図と制作過程における工夫や素材の生かし方，技法などについて考え，見方や感じ方を深めること。<br>　イ　生活や社会の中の工芸の働きや工芸の伝統と文化についての見方や感じ方を深める鑑賞<br>　(ｱ) 環境の中に見られる造形的なよさや美しさを感じ取り，自然と工芸との関わり，生活や社会を心豊かにする工芸の働きについて考え，見方や感じ方を深めること。 | ※内容には，学びに向かう力，人間性等について示されていないことから，該当科目の目標(3)及び「知識及び技能」，「思考力，判断力，表現力等」に該当する学習指導要領の内容を参考にする。 |

|  | | (イ) 工芸作品や文化遺産などから日本の工芸の特質や美意識を感じ取り，工芸の伝統と文化について考え，見方や感じ方を深めること。 | |

| | 知識・技能 | 思考・判断・表現 | 主体的に学習に取り組む態度 |
|---|---|---|---|
| 内容のまとまりごとの評価規準　例 | ・造形の要素の働きを理解している。<br>・造形的な特徴などを基に，全体のイメージや作風，様式などで捉えることを理解している。 | ・身近な生活の視点に立ってよさや美しさを感じ取り，作者の心情や意図と制作過程における工夫や素材の生かし方，技法などについて考え，見方や感じ方を深めている。<br>・社会的な視点に立ってよさや美しさを感じ取り，作者の心情や意図と制作過程における工夫や素材の生かし方，技法などについて考え，見方や感じ方を深めている。<br>・環境の中に見られる造形的なよさや美しさを感じ取り，自然と工芸との関わり，生活や社会を心豊かにする工芸の働きについて考え，見方や感じ方を深めている。<br>・工芸作品や文化遺産などから日本の工芸の特質や美意識を感じ取り，工芸の伝統と文化について考え，見方や感じ方を深めている。 | ・主体的に作品や工芸の伝統と文化の鑑賞の創造活動に取り組もうとしている。<br><br>※必要に応じて工芸Ⅰの「評価の観点の趣旨」のうち「主体的に学習に取り組む態度」に関わる部分を用いて作成する。 |

※各学校においては，「内容のまとまりごとの評価規準」の考え方を踏まえて，各学校の実態を考慮し，題材等の評価規準を作成する。具体的には第3編において事例を示している。

# 第3編

# 題材ごとの学習評価について

# （事例）

## 第1章 「内容のまとまりごとの評価規準」の考え方を踏まえた題材の評価規準の作成

### 1 本編事例における学習評価の進め方について

　各科目の題材における観点別学習状況の評価を実施するに当たり，まずは年間の指導と評価の計画を確認することが重要である。その上で，学習指導要領の目標や内容，「内容のまとまりごとの評価規準」の考え方等を踏まえ，以下のように進めることが考えられる。なお，複数の題材にわたって評価を行う場合など，以下の方法によらない事例もあることに留意する必要がある。

| 評価の進め方 | 留意点 |
|---|---|
| **1**　題材の目標を作成する | ○　学習指導要領の目標や内容，学習指導要領解説等を踏まえて作成する。<br>○　生徒の実態，前題材までの学習状況等を踏まえて作成する。<br>※　題材の目標及び評価規準の関係性（イメージ）については下図参照<br>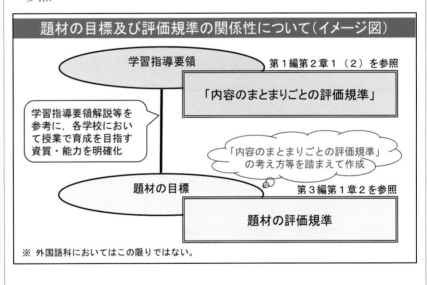 |
| **2**　題材の評価規準を作成する | |
| **3**　「指導と評価の計画」を作成する | ○　1，2を踏まえ，評価場面や評価方法等を計画する。<br>○　どのような評価資料（生徒の反応やノート，ワークシート，作品など）を基に，「おむね満足できる」状況（B）と評価するかを考えたり，「努力を要する」状況（C）への手立て等を考えたりする。 |
| 授業を行う | ○　3に沿って観点別学習状況の評価を行い，生徒の学習改善や教師の指導改善につなげる。 |
| **4**　観点ごとに総括する | ○　集めた評価資料やそれに基づく評価結果などから，観点ごとの総括的評価（A，B，C）を行う。 |

## 2　題材の評価規準の作成のポイント

芸術科（工芸）における評価規準の設定について
### （1）「内容のまとまりごとの評価規準」の基本的な考え方
　　平成 24 年 3 月に国立教育政策研究所教育課程研究センターが公表した「評価規準の作成，評価方法等の工夫改善のための参考資料（高等学校 芸術［工芸]）」では，第 2 編において「評価規準に盛り込むべき事項」及び「評価規準の設定例」を示していた。「評価規準に盛り込むべき事項」は，主に題材ごとに設定する評価規準として，題材の目標と評価との関連を確認したり，題材における評価の重点を捉えたりする「題材の評価規準」を設定する際の参考となるように作成されていた。また，「評価規準の設定例」は，主に授業の中での具体的な学習活動の評価規準として位置付ける「学習活動に即した評価規準」を設定する際の参考となるように作成していた。
　　平成 30 年告示の芸術科（工芸）の高等学校学習指導要領では，その改訂において，教科の目標では，育成を目指す資質・能力を一層明確にし，生徒の発達の段階や特性等を踏まえつつ，(1)「知識及び技能」，(2)「思考力，判断力，表現力等」，(3)「学びに向かう力，人間性等」の三つの柱で整理している。また，内容についても目標に対応して，資質・能力を相互に関連させながら育成できるよう整理している。具体的には，以下の「学習指導要領と評価の観点との関連」のように「知識」は，〔共通事項〕，「技能」は，「A表現」(1)イ及び(2)イの指導事項に位置付けられている。「思考力，判断力，表現力等」は，「A表現」(1)ア，(2)ア及び「B鑑賞」(1) の指導事項に位置付けられている。また，「学びに向かう力，人間性等」は，「A表現」，「B鑑賞」及び〔共通事項〕を指導する中で，一体的，総合的に育てていくものとして整理している。

### 学習指導要領と評価の観点との関連

| 領域等 | 項目や事項と育成する資質・能力との関係 | 評価の観点 |
|---|---|---|
| A表現 | (1)(2) ア 発想や構想に関する資質・能力 | 「思考・判断・表現」 |
| | (1)(2) イ 技能に関する資質・能力 | 「知識・技能」（技能） |
| B鑑賞 | (1) 鑑賞に関する資質・能力 | 「思考・判断・表現」 |
| 〔共通事項〕 | (1) 造形的な視点を豊かにするための知識 | 「知識・技能」（知識） |

　　このように平成 30 年告示の芸術科（工芸）の高等学校学習指導要領では，育成すべき資質・能力と学習内容との関係を整理し，一層明確に示していることから，従前のように「評価規準に盛り込むべき事項」及び「評価規準の設定例」の関係のように細分化せずに「内容のまとまりごとの評価規準（例）」だけを示すこととした。事例においても「題材の評価規準」と「学習活動に即した評価規準」の両面から題材の評価規準を設定するのではなく，題材の各段階において，それぞれの実現状況が把握できる場面で評価を行うこととし，「内容のまとまりごとの評価規準（例）」を基に設定した「題材の評価規準」によって評価を行うことにしている。
　　評価を行う際は，題材の目標，学習活動等に応じて「知識・技能」「思考・判断・表現」「主体的に学習に取り組む態度」の三つの観点の趣旨を生かしながら適切な「題材の評価規準」を設定することが大切である。

（2）「内容のまとまりごとの評価規準（例）」の活用

○「題材の評価規準」を作成する

　　題材の評価規準は，実施する学習の内容のまとまり（「身近な生活と工芸　「A表現」(1)，〔共通事項〕」，「社会と工芸　「A表現」(2)，〔共通事項〕」，「作品や工芸の伝統と文化などの鑑賞　「B鑑賞」，〔共通事項〕」）ごとの「内容のまとまりごとの評価規準（例）」を基に題材の内容に合わせて設定することが考えられる。【図表①】「事例：人々の生活を心豊かに演出する～キャンドルスタンドの制作～」の「知識・技能」，「思考・判断・表現」，「主体的に学習に取り組む態度」では，「内容のまとまりごとの評価規準（例）」の<u>下線部</u>を，題材の内容に合わせて題材の評価規準の<u>下線部</u>の表現に変更したり，複数の評価規準を一つにまとめたりするなどして「題材の評価規準」を設定している。

【図表①】

事例「人々の生活を心豊かに演出する～キャンドルスタンドの制作～」の題材と関連する「内容のまとまりごとの評価規準（例）」※

| 「知識・技能」 | 「思考・判断・表現」 | 「主体的に学習に取り組む態度」 |
|---|---|---|
| ・<u>造形の要素の働きを理解し</u>ている。<br>・造形的な特徴などを基に，全体のイメージや作風，<u>様式</u>などで捉えることを理解している。<br><br>・制作方法を踏まえ，意図に応じて材料や用具を<u>生かしている。</u><br>・手順や技法などを吟味し，創造的に表している。 | ・使う人の願いや心情，生活<u>環境</u>などから心豊かな<u>発想をしている。</u><br>・使用する人や場などに求められる機能と美しさとの調和を考え，制作の構想を練っている。<br>・社会的な視点に立ってよさや美しさを感じ取り，作者の心情や意図と制作過程における工夫や素材の生かし方，技法などについて考え，見方や感じ方を深めている。 | ・主体的に<u>社会と工芸の表現</u>の創造活動に取り組もうとしている。<br>・主体的に作品<u>や工芸の伝統と文化の鑑賞</u>の創造活動に取り組もうとしている。 |

※事例「人々の生活を心豊かに演出する～キャンドルスタンドの制作～」（工芸Ⅰ　「社会と工芸「A表現」(2)，〔共通事項〕」及び「作品や工芸の伝統と文化などの鑑賞「B鑑賞」，〔共通事項〕」と関連する各「内容のまとまりごとの評価規準（例）」から整理したもの

事例「人々の生活を心豊かに演出する～キャンドルスタンドの制作～」の題材の評価規準（第2編を参考に作成）

| 「知識・技能」 | 「思考・判断・表現」 | 「主体的に学習に取り組む態度」 |
|---|---|---|
| 知　形や色彩，素材，光などの性質やそれらが感情にもたらす効果，造形的な特徴など | 発　使う人の願いや心情，生活環境から生活を心豊かに演出するキャンドルスタンドを | 態表　主体的に<u>社会的な視点に立って使う人の願いや心情，生活環境から生活を心豊かに演出する表</u> |

| | | |
|---|---|---|
| を基に，全体のイメージや作風などで捉えることを理解している。 | 社会的な視点に立って発想し，使用する人や場などに求められる機能と美しさとの調和を考え，制作の構想を練っている。 | 現の創造活動に取り組もうとしている。 |
| 技 陶芸の制作方法を踏まえ，意図に応じて材料や用具を生かすとともに，手順や技法を吟味し，創造的に表している。 | 鑑 社会的な視点に立ってキャンドルスタンドの造形的なよさや美しさを感じ取り，作者の心情や意図と陶芸の制作過程における工夫や素材の生かし方，技法などについて考え，見方や感じ方を深めている。 | 態鑑 主体的に社会的な視点に立って作品などの造形的なよさや美しさを感じ取り，作者の願いや制作過程における工夫などについて考え，見方や感じ方を深める鑑賞の創造活動に取り組もうとしている。 |

知＝「知識・技能」の知識に関する評価規準，技＝「知識・技能」の技能に関する評価規準，発＝「思考・判断・表現」の発想や構想に関する評価規準，鑑＝「思考・判断・表現」の鑑賞に関する評価規準，態表＝表現の「主体的に学習に取り組む態度」に関する評価規準，態鑑＝鑑賞の「主体的に学習に取り組む態度」に関する評価規準を表す。

※それぞれの評価規準は「内容のまとまりごとの評価規準（例）」を，そのまま使用したり，具体的な学習活動を踏まえ言葉を省略や変更したりするなどしている。（下線部，下線部は変更箇所）

　題材の評価規準作成及び評価のポイントは，以下のとおりである。

---

## （1）「知識・技能」
### ○知識に関する題材の評価規準

　この観点は，表現及び鑑賞の活動を通して，「造形的な視点を豊かにするための知識」として，造形の要素の働きを理解することや，造形的な特徴などを基に，全体のイメージや作風，様式などで捉えることを理解することについて評価するものである。ここでの知識は，表現や鑑賞の学習場面において，学んだ知識を生かして，形や色彩，素材や光などの造形の要素に着目してそれらの働きを捉えたり，全体に着目して造形的な特徴などからイメージを捉えたりできるようになるなど，単に暗記することに終始するような知識ではなく，工芸の学習の中で生きて働く知識として実感的に理解した実現状況を評価することが求められる。

　題材の評価規準は，例えば工芸Ⅰの「3　内容の取扱い」の〔共通事項〕の取扱いでは，「(3) 内容の〔共通事項〕は，表現及び鑑賞の学習において共通に必要となる資質・能力であり，「A表現」及び「B鑑賞」の指導と併せて，十分な指導を行い，各事項の実感的な理解を通して，生徒が造形を豊かに捉える多様な視点がもてるように配慮するものとする」としていることに留意し，〔共通事項〕の取扱いと題材との関連を考慮しながら，「内容のまとまりごとの評価規準（例）」を，そのまま使用したり，具体的な学習活動を踏まえ，言葉を省略や変更したりすることで作成することができる。（【図表②】参照）

**【図表②】**

事例「人々の生活を心豊かに演出する～キャンドルスタンドの制作～」の「知識・技能」の知識に関する題材の評価規準の作成

　　工芸Ⅰの「社会と工芸」の「内容のまとまりごとの評価規準（例）」に示された「知識・技能」（知識）の評価規準

> ・<u>造形の要素の働きを理解している。</u>
> ・造形的な特徴などを基に，全体のイメージや作風，<u>様式</u>などで捉えることを理解している。

　　事例「人々の生活を心豊かに演出する～キャンドルスタンドの制作～」における「知識・技能」（知識）の題材の評価規準

> 知　<u>形や色彩，素材，光などの性質やそれらが感情にもたらす効果，</u>造形的な特徴などを基に，全体のイメージや作風などで捉えることを理解している。

※<u>下線部</u>，<u>下線部</u>は変更箇所


## ○技能に関する題材の評価規準

　この観点は，造形的な見方・考え方を働かせて，発想や構想をしたことなどを基に表すために，制作方法を踏まえ，意図に応じて材料や用具を生かしたり，手順や技法などを吟味したりして，創造的に表すなどの技能に関する資質・能力を評価するものである。技能は，制作が進む中で徐々に作品に具体的な形となって現れるものである。そのため制作途中の作品を中心に完成作品からも再度評価し，生徒の創造的に表す技能の高まりを読み取ることが大切である。

　題材の評価規準は，「A表現」(1)イ及び(2)イの内容を基に題材との関連を考慮しながら，「内容のまとまりごとの評価規準（例）」を，そのまま使用したり，具体的な学習活動を踏まえ言葉を省略や変更したりすることで作成することができる。


## （2）「思考・判断・表現」
## ○発想や構想に関する題材の評価規準

　この観点は，造形的な見方・考え方を働かせて，自然や素材，自己の思い，使う人の願いや心情，生活環境などから心豊かな発想をしたり，用途と美しさ，使用する人や場などに求められる機能と美しさとの調和などを考え，制作の構想を練ったりするなどの発想や構想に関する資質・能力を評価するものである。発想や構想は，制作が進む中で徐々に具体的な形になり，更にそこから深まることが多い。そのため発想や構想の場面だけでなく，制作途中の作品を中心に完成作品からも再度評価し，生徒の発想や構想に関する資質・能力の高まりを読み取ることが大切である。

　題材の評価規準は，「A表現」(1)ア及び(2)アの内容を基に題材との関連を考慮しながら，「内容のまとまりごとの評価規準（例）」を，そのまま使用したり，具体的な学習活動を踏まえ言葉を省略や変更したりすることで作成することができる。

○鑑賞に関する題材の評価規準

　この観点は，造形的な見方・考え方を働かせて，工芸作品や生活や社会の中の工芸の働き，工芸の伝統と文化についての見方や感じ方を深めるなどの鑑賞に関する資質・能力を評価するものである。題材によっては，鑑賞的な活動が位置付けられていても，それが創造的に表す技能や発想や構想に関する学習を深めるための活動であったり，主体的に学習に取り組む態度を高めるための活動であったりすることも考えられるため，活動のねらいを確認するなど評価規準の設定には留意する必要がある。

　題材の評価規準は，「B鑑賞」(1)の内容を基に題材との関連を考慮しながら，「内容のまとまりごとの評価規準（例）」を，そのまま使用したり，具体的な学習活動を踏まえ言葉を省略や変更したりすることで作成することができる。

## （3）「主体的に学習に取り組む態度」

　この観点の評価対象は，生徒が「知識及び技能」，「思考力，判断力，表現力等」を身に付けようとしたり，発揮しようとしたりすることへ向かう主体的な学習に対する態度である。例えば表現活動では，発想や構想を練るためにアイデアスケッチや図面を熱心に繰り返し描いたり，創造的に表す技能を働かせるために制作方法を踏まえ，意図に応じて材料や用具を生かしたり，手順や技法などを吟味し，創造的に表したりするような能動的な姿が授業の中で現れることがある。また，鑑賞活動では，生徒が主体的に作品などの造形的なよさや美しさを感じ取り，作者の心情や意図と制作過程における工夫や素材の生かし方，技法などについて考えるなどして，見方や感じ方を深めようとしていく姿が見られることがある。評価を通して，表現活動においては，机間指導等の際にこのような試行錯誤を繰り返し粘り強く取り組んだり，よりよい制作を目指して構想や技能を工夫改善したりしていく様子などの姿を捉えながら指導と評価を行うことが大切である。また，鑑賞活動においては，作品などを鑑賞し，造形的な視点を活用しながら造形的なよさや美しさを感じ取ろうとしたり，作者の心情や表現の意図と創造的な工夫などについて考えようとしたりするなどの意欲や態度を高めることが大切である。

　題材の評価規準は，題材の内容に応じて，科目の「評価の観点の趣旨」との関連を考慮しながら，「内容のまとまりごとの評価規準（例）」を，そのまま使用したり，具体的な学習活動を踏まえ言葉を省略や変更したりすることで作成することができる。（【図表③】参照）その際，「内容のまとまりごとの評価規準（例）」に示された「主体的に学習に取り組む態度」の評価規準は，各「内容のまとまり」ごとにおける全ての「知識・技能」，「思考・判断・表現」の観点の評価に対応して示されている。このことから，題材において評価に用いるときには，題材のそれぞれの時間の学習活動に該当する「知識・技能」，「思考・判断・表現」の題材の評価規準と対応させて，より具体的に生徒の「主体的な学習に取り組む態度」における実現状況を見取ることが大切である。

【図表③】

事例「人々の生活を心豊かに演出する〜キャンドルスタンドの制作〜」の「主体的に学習に取り組む態度」に関する題材の評価規準の作成

工芸Ⅰの「社会と工芸」の「内容のまとまりごとの評価規準（例）」に示された「主体的に学習に取り組む態度」の評価規準

・主体的に社会と工芸の表現の創造活動に取り組もうとしている。

事例「人々の生活を心豊かに演出する〜キャンドルスタンドの制作〜」における表現の「主体的に学習に取り組む態度」（表現）の題材の評価規準

態表　主体的に社会的な視点に立って使う人の願いや心情，生活環境から生活を心豊かに演出する表現の創造活動に取り組もうとしている。

※下線部，下線部は変更箇所

## 第2章　学習評価に関する事例について

### 1　事例の特徴

　第1編第1章2（4）で述べた学習評価の改善の基本的な方向性を踏まえつつ，平成30年に改訂された高等学校学習指導要領の趣旨・内容の徹底に資する評価の事例を示すことができるよう，本参考資料における事例は，原則として以下のような方針を踏まえたものとしている。

○　題材に応じた評価規準の設定から評価の総括までとともに，生徒の学習改善及び教師の指導改善までの一連の流れを示している

　　本参考資料で提示する事例は，題材の評価規準の設定から評価の総括までとともに，評価結果を生徒の学習改善や教師の指導改善に生かすまでの一連の学習評価の流れを念頭においたものである。なお，観点別の学習状況の評価については，「おおむね満足できる」状況，「十分満足できる」状況，「努力を要する」状況と判断した生徒の具体的な状況の例などを示している。「十分満足できる」状況という評価になるのは，生徒が実現している学習の状況が質的な高まりや深まりをもっていると判断されるときである。

○　観点別の学習状況について評価する時期や場面の精選について示している

　　報告や改善等通知では，学習評価については，日々の授業の中で生徒の学習状況を適宜把握して指導の改善に生かすことに重点を置くことが重要であり，観点別の学習状況についての評価は，毎回の授業ではなく原則として単元や題材など内容や時間のまとまりごとに，それぞれの実現状況を把握できる段階で行うなど，その場面を精選することが重要であることが示された。このため，観点別の学習状況について評価する時期や場面の精選について，「指導と評価の計画」の中で，具体的に示している。

○　評価方法の工夫を示している

　　生徒の反応やノート，ワークシート，作品等の評価資料をどのように活用したかなど，評価方法の多様な工夫について示している。

## 2 事例の概要

キーワード　指導と評価の計画から評価の総括，「知識・技能」「思考・判断・表現」の評価，
　　　　　　評価方法やワークシートの活用例，「主体的に学習に取り組む態度」の評価

事例「人々の生活を心豊かに演出する～キャンドルスタンドの制作～」（工芸Ⅰ）

　「社会と工芸」の表現と作品の鑑賞の学習活動から，題材の評価規準の設定，各観点の具体的な評価の考え方や方法，観点別学習状況の評価の総括に至る一連の流れを示した事例である。

　事例では，一連の流れの中で，以下の点について示している。

1．「知識・技能」の評価や，「思考力，判断力，表現力等」に位置付けられている発想や構想に関する資質・能力と鑑賞に関する資質・能力の双方に働く中心となる考えを重視した学習活動における「思考・判断・表現」の評価の考え方や具体的な方法を示している。

2．鑑賞の活動の具体的な評価方法やワークシートの活用例などを示している。

3．「主体的に学習に取り組む態度」の評価における，「知識及び技能」を習得したり，「思考力，判断力，表現力等」を発揮したりすることに向けた粘り強い取組を行おうとしている側面と，その中で自らの学習を調整しようとする側面を一体的に見取るための考え方や具体的な方法を示している。

芸術科（工芸）　　事例（工芸Ⅰ）

キーワード　指導と評価の計画から評価の総括，「知識・技能」「思考・判断・表現」の評価，
　　　　　　評価方法やワークシートの活用例，「主体的に学習に取り組む態度」の評価

| 題材名 | 内容のまとまり |
|---|---|
| 人々の生活を心豊かに演出する〜キャンドルスタンドの制作〜 | 「社会と工芸　「Ａ表現」(2)，〔共通事項〕」及び「作品や工芸の伝統と文化などの鑑賞　「Ｂ鑑賞」，〔共通事項〕」 |

＜題材の概要＞

　使う人の願いや心情，生活環境などから生活を心豊かに演出するキャンドルスタンドを社会的な視点に立って発想し，造形の要素の働きや，全体のイメージや作風などで捉えることを理解しながら，使用する人や場などに求められる機能と美しさの調和を考え，制作の構想を練る。陶芸の制作方法を踏まえ，意図に応じて材料や用具を生かし，手順や技法などを吟味し，創造的に表す。また，様々なキャンドルスタンドを鑑賞し，社会的な視点に立って造形的なよさや美しさを感じ取り，作者の心情や意図と陶芸の制作過程における工夫や素材の生かし方，技法などについて考え，見方や感じ方を深める。

＜生徒作品例＞

作品名「夜釣りの友」　　　　　　作品名「お祝いの明かり」　　　　　　作品名「階段灯」

＜関連する学習指導要領の内容＞

○「Ａ表現」

　(2)　社会と工芸

　　　社会と工芸に関する次の事項を身に付けることができるよう指導する。

　　ア　社会的な視点に立った発想や構想

　　（ア）使う人の願いや心情，生活環境などから心豊かな発想をすること。

（イ）使用する人や場などに求められる機能と美しさとの調和を考え，制作の構想を練ること。

イ　発想や構想をしたことを基に，創造的に表す技能

（ア）制作方法を踏まえ，意図に応じて材料や用具を生かすこと。

（イ）手順や技法などを吟味し，創造的に表すこと。

○「B鑑賞」

(1) 鑑賞

鑑賞に関する次の事項を身に付けることができるよう指導する。

ア　工芸作品などの見方や感じ方を深める鑑賞

（イ）社会的な視点に立ってよさや美しさを感じ取り，作者の心情や意図と制作過程における工夫や素材の生かし方，技法などについて考え，見方や感じ方を深めること。

○〔共通事項〕

(1)「A表現」及び「B鑑賞」の指導を通して，次の事項を身に付けることができるよう指導する。

ア　造形の要素の働きを理解すること。

イ　造形的な特徴などを基に，全体のイメージや作風，様式などで捉えることを理解すること。

　学習指導要領の「A表現」，「B鑑賞」及び〔共通事項〕の内容は，評価の観点と対応するように整理している。また，「主体的に学習に取り組む態度」は，これらの学習指導要領に基づいた資質・能力を身に付けようとしたり，発揮しようとしたりする態度として整理している。（【図表①】参照）

【図表①】学習指導要領と評価の観点との関連

| 領域等 | 項目や事項と育成する資質・能力との関係 | 評価の観点 |
|---|---|---|
| A表現 | (1)(2) ア　発想や構想に関する資質・能力 | 「思考・判断・表現」 |
|  | (1)(2) イ　技能に関する資質・能力 | 「知識・技能」（技能） |
| B鑑賞 | (1) 鑑賞に関する資質・能力 | 「思考・判断・表現」 |
| 〔共通事項〕 | (1) 造形的な視点を豊かにするための知識 | 「知識・技能」（知識） |

## 1　題材の目標

(1)「知識及び技能」に関する題材の目標

・形や色彩，素材，光などの性質やそれらが感情にもたらす効果，造形的な特徴などを基に，全体のイメージや作風などで捉えることを理解する。（〔共通事項〕）

・陶芸の制作方法を踏まえ，意図に応じて材料や用具を生かすとともに，手順や技法を吟味し，創造的に表す。（「A表現」(2)イ）

(2)「思考力，判断力，表現力等」に関する題材の目標

・使う人の願いや心情，生活環境から生活を心豊かに演出するキャンドルスタンドを社会的な視点に立って発想し，使用する人や場などに求められる機能と美しさの調和を考え，制作の構想を練る。（「A表現」(2)ア）

・社会的な視点に立って，キャンドルスタンドの造形的なよさや美しさを感じ取り，作者の心情や意図と陶芸の制作過程における工夫や素材の生かし方，技法などについて考え，見方や感じ方を

深める。(「B鑑賞」(1)ア(イ))

(3)「学びに向かう力，人間性等」に関する題材の目標

・主体的に社会的な視点に立って使う人の願いや心情，生活環境から生活を心豊かに演出する表現の創造活動に取り組もうとする。

・主体的に社会的な視点に立って作品などの造形的なよさや美しさを感じ取り，作者の願いや制作過程における工夫などについて考え，見方や感じ方を深める鑑賞の創造活動に取り組もうとする。

## 2　題材の評価規準の作成

### （1）「内容のまとまりごとの評価規準（例）」を基にした評価規準の作成

　実際の授業において作成する題材の評価規準は，本参考資料第2編に示された「内容のまとまりごとの評価規準（例）」を基に題材の内容に合わせて作成することが考えられる。その際，学習指導要領に示された教科及び科目の目標を踏まえて「評価の観点及びその趣旨」や「評価の観点の趣旨」が作成されていることを理解した上で，次の二点について留意する必要がある。一つ目は，芸術科（工芸）における「内容のまとまり」と「評価の観点」との関係を確認すること。二つ目は「内容のまとまりごとの評価規準(例)」が，第2編に示された【観点ごとのポイント】を踏まえて作成されているということについて理解しておくことである。これらの二点を押さえて題材の評価規準を作成し，単に作業的にならないようにすることが大切である。

　事例「人々の生活を心豊かに演出する～キャンドルスタンドの制作～」における「知識・技能」（知識），「思考・判断・表現」（発想や構想），「主体的に学習に取り組む態度」の題材の評価規準を例に挙げると，該当する「内容のまとまりごとの評価規準（例）」の<u>下線部</u>を，題材の内容に合わせて関連する<u>下線部</u>の表現に変更したり，複数の「内容のまとまりごとの評価規準（例）」を組み合わせたりして作成している。（【図表②】を参考）

## 【図表②】「内容のまとまりごとの評価規準（例）」から作成した題材の評価規準例

### ●「知識・技能」の知識に関する題材の評価規準の作成例

　工芸Ⅰの「社会と工芸　「A表現」(2)，〔共通事項〕」の「内容のまとまりごとの評価規準（例）」に示された「知識・技能」（知識）の評価規準

> ・<u>造形の要素の働き</u>を理解している。
> ・造形的な特徴などを基に，全体のイメージや作風，<u>様式</u>などで捉えることを理解している。

⇓

　「人々の生活を心豊かに演出する～キャンドルスタンドの制作～」における「知識・技能」（知識）の題材の評価規準

> |知|　形や色彩，素材，光などの性質やそれらが感情にもたらす効果，造形的な特徴などを基に，全体のイメージや作風などで捉えることを理解している。

### ●「思考・判断・表現」の発想や構想に関する題材の評価規準の作成例

工芸Ⅰの「社会と工芸　「A表現」(2),〔共通事項〕」の「内容のまとまりごとの評価規準（例）」
に示された「思考・判断・表現」（発想や構想）の評価規準

> ・使う人の願いや心情，生活環境などから心豊かな発想をしている。
> ・使用する人や場などに求められる機能と美しさとの調和を考え，制作の構想を練っている。

⇓

「人々の生活を心豊かに演出する〜キャンドルスタンドの制作〜」における「思考・判断・表現」
（発想や構想）の題材の評価規準

> 発 使う人の願いや心情，生活環境から生活を心豊かに演出するキャンドルスタンドを社会的な
> 視点に立って発想し，使用する人や場などに求められる機能と美しさとの調和を考え，制作の構
> 想を練っている。

第3編
事　例

● 「主体的に学習に取り組む態度」に関する題材の評価規準の作成例

　工芸Ⅰの「社会と工芸　「A表現」(2),〔共通事項〕」の「内容のまとまりごとの評価規準（例）」
に示された「主体的に学習に取り組む態度」の評価規準

> ・主体的に社会と工芸の表現の創造活動に取り組もうとしている。

⇓

　「人々の生活を心豊かに演出する〜キャンドルスタンドの制作〜」における表現の「主体的に学習
に取り組む態度」の題材の評価規準

> 態表 主体的に社会的な視点に立って使う人の願いや心情，生活環境から生活を心豊かに演出す
> る表現の創造活動に取り組もうとしている。

（2）第2編を参考に作成した「人々の生活を心豊かに演出する〜キャンドルスタンドの制作〜」の
　　題材の評価規準

| 「知識・技能」 | 「思考・判断・表現」 | 「主体的に学習に取り組む態度」 |
|---|---|---|
| 知 形や色彩，素材，光などの性質やそれらが感情にもたらす効果，造形的な特徴などを基に，全体のイメージや作風などで捉えることを理解している。 | 発 使う人の願いや心情,生活環境から生活を心豊かに演出するキャンドルスタンドを社会的な視点に立って発想し，使用する人や場などに求められる機能と美しさとの調和を考え,制作の構想を練っている。 | 態表 主体的に社会的な視点に立って使う人の願いや心情，生活環境から生活を心豊かに演出する表現の創造活動に取り組もうとしている。 |
| 技 陶芸の制作方法を踏まえ，意図に応じて材料や用具を生かすとともに，手順や技法を吟味し，創造的に表している。 | 鑑 社会的な視点に立ってキャンドルスタンドの造形的なよさや美しさを感じ取り，作者の心情や意図と陶芸の制作過程における工夫や素材の生かし方，技法などについて考 | 態鑑 主体的に社会的な視点に立って作品などの造形的なよさや美しさを感じ取り，作者の願いや制作過程における工夫などについて考え，見方や感じ方を深める鑑賞の創造活動に取り組もうとしている。 |

| | | え，見方や感じ方を深めている。 | | |

知＝「知識・技能」の知識に関する評価規準，技＝「知識・技能」の技能に関する評価規準，発＝「思考・判断・表現」の発想や構想に関する評価規準，鑑＝「思考・判断・表現」の鑑賞に関する評価規準，態表＝表現における「主体的に学習に取り組む態度」に関する評価規準，態鑑＝鑑賞における「主体的に学習に取り組む態度」に関する評価規準を表す。

※それぞれの評価規準は「内容のまとまりごとの評価規準(例)」を，そのまま使用したり，具体的な学習活動を踏まえ言葉を省略や変更したりするなどしている。（下線部は変更箇所）

## 3 指導と評価の計画（18時間）

| ●学習のねらい・学習活動 | 知・技 | 思 | 態 | 評価方法・留意点等 |
|---|---|---|---|---|
| **1. 作品の鑑賞（2時間）** | | | | |
| ●様々なキャンドルスタンドから，作者の意図と制作過程における工夫や素材の生かし方について考え，見方や感じ方を深める。<br>・キャンドルスタンドをグループで鑑賞し，社会的な視点に立って感じ取ったことや，作者の心情や意図と制作過程における工夫などについて考えたことなどから根拠をもって批評する。 | | 鑑<br>↓ | 態鑑<br>↓ | 鑑 態鑑 社会的な視点に立って作品などの造形的なよさや美しさを感じ取ったり，作者の心情や意図と制作過程における工夫や素材の生かし方について考えたりしているかどうかと，学習活動に取り組む態度を見取る。できていない生徒に対して，身の回りにある照明器具や制作者の意図や工夫などを紹介したり，使う人の立場から作品を鑑賞させたりするなどの指導を行う。【発言の内容，ワークシート，活動の様子】 |
| ●造形の要素の働きや，全体のイメージや作風などで捉えることについて理解する。<br>・作者の意図と制作過程における工夫や素材の生かし方などから，形や色彩，素材，光などの性質やそれらが感情にもたらす効果，造形的な特徴などを基に，全体のイメージや作風などで捉えることを理解する。 | 知<br>↓ | | | 知 鑑賞の学習活動を通して，作者の意図と制作過程における工夫などから，造形の要素の働きや，全体のイメージや作風などで捉えることを理解しているかを見取る。理解していない生徒に対して具体例を示すなどして，形や色彩，素材，光などの部分に着目させたり，作品全体からイメージを捉えさせたりして理解できるようにするなどの指導を行う。【発言の内容，ワークシート】 |
| | | | | 鑑 社会的な視点に立ってキャンドルスタンドの造形的なよさや美しさを感じ取ったり，作者の心情や意図と制作過程における工夫や素材の生かし方，技法などについて考えたりして，見方や感じ方を深めているかどうかを評価する。【発言の内容，ワークシート】 |
| | | | | 態鑑 主体的にキャンドルスタンドを鑑賞して，造形の要素の働きや，全体のイメージや作風などで捉えることを理解しようとし，造形的なよさや美しさを感じ取ろうとしたり，作者の |

| | | | 鑑 | 態鑑 | 心情や意図と制作過程における工夫や素材の生かし方について考えようとしたりするなどの学習に取り組む態度を評価する。【活動の様子，ワークシート】 |
|---|---|---|---|---|---|

2．発想や構想（6時間）

| | | | 発 ↓ | 態表 ↓ | |
|---|---|---|---|---|---|

●使う人や場面を考え，心豊かな発想をする。
・キャンドルスタンドを使用する様々な場面を想像し，使う人の願いや心情，生活環境などから心豊かな発想をする。

●機能と美しさの調和を考え，制作の構想を練る。
・形や色彩，素材，光などの効果や，全体のイメージ，陶芸の技法の特徴などについて考え，使用する人や場などに求められる機能と美しさの調和などのコンセプトについてワークシートに整理したり，アイデアスケッチや図面を描いたりして制作の構想を練る。

|発| キャンドルスタンドを使う人や場面を考え，心豊かに発想をしたり，使用する人や場などに求められる機能と美しさの調和を考え制作の構想を練ったりしているかを見取る。発想や構想ができていない生徒に対して，キャンドルスタンドの使用場面などを書籍やインターネット等で調べさせたり，使用した時の心情の変化などを考えさせたりするなど，具体的なイメージをもたせる手立てを講じる。【ワークシート，アイデアスケッチ，図面】

|知| 発想や構想の段階で，第一次（1．作品の鑑賞）で学習した造形の要素の働きや，全体のイメージや作風などで捉えることが理解できているかを見取る。理解していない生徒に対して，再度，形や色彩などの部分や作品全体のイメージや作風などで捉えることに着目させるなどして理解が深まるよう指導を行う。【ワークシート，アイデアスケッチ】

|態表| 発想や構想について意欲的に取り組めていない生徒を見取り，身の回りの照明器具に再度着目させ，使用する人の立場からつくり手の願いや意図などについて改めて考えさせるなどの指導を行う。【活動の様子，ワークシート，アイデアスケッチ】

|発| キャンドルスタンドを使う人の願いや心情，生活環境などから心豊かな発想をし，使用する人や場などに求められる機能と美しさの調和を考え，制作の構想を練っているかどうかを暫定的に評価し，第三次（3．制作）で再度評価を行う。【ワークシート，アイデアスケッチ】

|態表| 主体的に発想や構想の活動に取り組み，造形の要素の働きや，使う人の願いや心情などから全体のイメージや作風などで捉えることを理解しようとし，心豊かに発想したことをよりよく表すために制作の構想を練ろうとする態度を評価する。【活動の様子，ワークシート，アイデアスケッチ】

| | | | 発 | 態表 | |
|---|---|---|---|---|---|

3．制作（8時間）

●発想や構想をしたことを基に創造的に表す。

・手びねり，ひもづくり，板づくり，透かしなどの陶芸の技法や制作方法を踏まえ，発想や構想をしたことを基に材料や用具を生かしながら手順や技法を吟味して創造的に表す。また，成形の途中に相互鑑賞の活動を行い，他者の作品を見たり制作の意図を説明したりすることにより，表したいものを明確にしながら，制作を進める。その後，成形を終え，乾燥，素焼き，施釉，本焼きなどの工程を経て，作品を完成させる。

| 技 | 発 | 態表 |
| :-: | :-: | :-: |

技 陶芸の技法や制作方法を踏まえ，意図に応じて材料や用具を生かしたり，それぞれの工程の手順や技法などを吟味したりしながら創造的に表せているかを見取る。実現できていない生徒に対して，ワークシートや図面を見直させたり，陶芸の技法の特徴や工程，用具の使い方を確認させたりする。【制作途中の作品】

発 この段階で，使用する人や場などに求められる機能などの構想がまとまらない生徒を中心に見取り，再度，社会的な視点に立って，使う人の願いや心情，生活環境から生活を心豊かに演出することについて考えさせるなどの指導を行う。【制作途中の作品】

知 造形の要素の働きや，全体のイメージや作風などで捉えることが理解できているかを見取り，理解していない生徒に対して再度，指導を行う。【制作途中の作品】

態表 主体的に制作に取り組み，制作意図に応じて材料や用具を生かしたり，それぞれの工程の手順や技法などを吟味したりしながら創造的に表そうとしているかを見取る。できていない生徒に対して，参考作品を見せたり，実演したりして意欲を高められるよう指導を行う。【活動の様子，制作途中の作品】

知・技 作品から陶芸の技法による制作方法を踏まえ，意図に応じて材料や用具を生かし，手順や技法などを吟味し，創造的に表しているかなどを見取るとともに，作品から形や色彩，素材，光などの働きや，全体のイメージや作風などで捉えることを理解しているかを併せて見取り，知と技を知・技として一体的に評価する。【作品，ワークシート，アイデアスケッチ】

発 発想や構想を作品から再度見取り，発想のよりよい変化や，使用する人や場などに求められる機能と美しさとの調和などの深まりが見られる生徒については，評価を修正する。【作品】

態表 主体的に制作に取り組み，造形の要素の働きや，全体のイメージや作風などで捉えることを理解しようとし，材料や用具を生かそうとするとともに，手順や技法を吟味し，創造的に表そうとしている態度を評価する。【活動の様子，作品】

| 知・技 | 発 | 態表 |
| :-: | :-: | :-: |

| | 知 | 鑑 | 態鑑 | |
|---|---|---|---|---|

**４．鑑賞（２時間）**

●生徒作品を相互に鑑賞し，見方や感じ方を深める。

・社会的な視点に立って生徒作品を相互に鑑賞し，作者の心情や意図と陶芸の制作過程における工夫や素材の生かし方，技法などについて考え，感じたことや考えたことなどから根拠をもって批評し合う。

| 知 | 鑑 | 態鑑 |
|---|---|---|
| ↓ | ↓ | ↓ |

◻鑑 ◻鑑態 社会的な視点に立って生徒が制作した作品のよさや美しさを感じ取り，作者の心情や意図と陶芸の制作過程における工夫や素材の生かし方，技法などについて考え，見方や感じ方を深めているかどうかと，学習に取り組む態度とを見取る。できていない生徒に対して作者の心情や制作意図と作品を見て感じ取った表現の工夫との関係を考えさせたりするなどの指導を行う。【発言の内容，ワークシート，活動の様子】

◻知 造形の要素の働きや，全体のイメージや作風などで捉えることが理解できているかどうかを見取り，理解していない生徒に対して再度，指導を行う。【発言の内容，ワークシート】

◻態鑑 主体的にお互いの生徒作品を鑑賞し，造形の要素の働きや，全体のイメージや作風などで捉えることを理解しようとしたり，社会的な視点に立って見方や感じ方を深めようとしたりしているかを評価する。【活動の様子，ワークシート】

（態鑑の評価欄：**態鑑**）

**〈授業外：題材の終了後〉**

（**知・技**）

◻知・技 完成作品や発想や構想，鑑賞のワークシートなどから◻知・技の評価を再確認し，必要に応じて修正する。【完成作品，ワークシート，アイデアスケッチ，図面】

（**鑑**）

◻鑑 社会的な視点に立ってキャンドルスタンドのよさや美しさを感じ取り，作者の心情や意図と陶芸の制作過程における工夫や素材の生かし方，技法などについて考えて，見方や感じ方を深められているかを見取り評価する。【ワークシート】

（**発**）

◻発 発想や構想の段階におけるワークシート等を完成作品と併せて機能や使い勝手などを再度見取り，必要に応じて修正する。【完成作品，ワークシート，アイデアスケッチ，図面】

※「指導と評価の計画」における記号等の表記は，以下の通りである。

●◻↓　は，授業の中で評価規準を通して，生徒の学習の実現状況を見取り，生徒の学習の改善や，教師の指導の改善につなげるために用いる「題材の評価規準」を示す。

● 🔲 は，題材の観点別学習状況の評価の総括に用いる「題材の評価規準」（授業内での評価を再確認するための評価も含む）を示す。ここでの評価が最終的に評定の総括にも用いられることになる。

● 🔲 は，授業の中で評価規準を通して，生徒の学習の実現状況を見取り，生徒の学習の改善や，教師の指導の改善につなげる留意点等について示している。

● **ゴシック体**は，題材の観点別学習状況の評価の総括に用いる評価についての評価方法や留意点等について示している。

● 【　】は，評価の方法や生徒の学習の実現状況を見取るための資料を示す。

## 4　観点別学習状況の評価の進め方

### （1）概要

　工芸 I の表現活動においては，「知識及び技能」である〔共通事項〕が示す造形的な視点についての理解や創造的に表す技能と，「思考力，判断力，表現力等」の発想や構想に関する資質・能力は，制作が進む中で徐々に作品に具体的な形となって現れるものである。そのため，造形的な視点についての理解や創造的に表す技能，発想や構想に関する資質・能力は，机間指導をする中で制作途中の作品から見取ることができるという特色がある。

　表現活動の途中で評価を行う際には，次のような考え方に基づいて整理をしている。「題材の評価規準」に示されている実現状況を見取るためには，制作を始めた初期の作品よりも，様々な資質・能力等の働きが見られる完成間近の作品や完成作品から評価をすることが妥当であると考えられる。しかし，最終的に目標を実現するためには，まず心豊かな発想をし，ワークシートやアイデアスケッチ等で知識なども活用しながら構想を練り，図面などを基に，手順や技法などを吟味し，材料や用具を生かして作品を制作するといったそれぞれの学習が確実に行われることが大切である。そのため，本事例では，それぞれの段階で「題材の評価規準」を位置付け，学習のねらいが実現できていない生徒を確認し，指導することで，一人一人の生徒が段階を追って確実に学習を進められるようにしている。その際，例えば企画やアイデアスケッチの段階における発想や構想の評価は，完成した時の機能や使い勝手などが十分見取れないので，暫定的にその段階の実現状況等を評価し，完成が近付いた時点で再度評価を行い，題材の終了後に完成作品等で最終的な評価を確定するようにしている。

　また，第一次の鑑賞の学習活動における「知識・技能」の知識については，「形や色彩，素材，光などの性質やそれらが感情にもたらす効果，造形的な特徴などを基に，全体のイメージや作風などで捉えること」を理解させ，その後の表現の活動を通して，その知識が単に暗記的な理解ではなく，造形的な視点として実感的な理解をしているかどうかを重視して評価するようにしている。

　本事例では，「形や色彩，素材，光などの性質やそれらが感情にもたらす効果，造形的な特徴などを基に，全体のイメージや作風などで捉えること」について実感的な理解をしていれば，作品にも現れてくると考えられる。そのことから，授業の第一次の鑑賞の学習活動や表現の学習活動の前半の知の評価は，生徒の学習の実現状況を見取り，生徒の学習の改善や，教師の指導の改善につなげるために用いる。表現の学習活動の後半で完成が近付いた時点において，作品やアイデアスケッチ，図面，ワークシートなどを評価の資料として，形や色彩，素材，光などの性質やそれらが感情にもたらす効果や，実際に使ったときの機能や使い勝手などの全体のイメージや作風などを意識して表現してい

るかどうかを見取り，知と技を合わせて一体的に評価している。また，創造的に表す技能が十分に身に付いていないことで完成作品からだけでは知が見取れない生徒については，発想や構想の段階におけるワークシートに作成した企画やアイデアスケッチ，図面，鑑賞の学習活動のワークシートなどと併せて見取るようにした。

鑑賞活動においては，学習活動の観察を中心に鑑，態鑑の評価規準を，生徒の学習の改善や，教師の指導の改善につなげるために用いながら授業を行う。第四次は，態鑑の評価のみを確定し，鑑の評価は題材の終了後にワークシートの記述等から評価している。

### （2）本事例における観点別学習状況の判断の例

| | 題材の評価規準 | ◎Aの具体例 ■Cへの手立て |
|---|---|---|
| 知 | 形や色彩，素材，光などの性質やそれらが感情にもたらす効果，造形的な特徴などを基に，全体のイメージや作風などで捉えることを理解している。 | ◎形や色彩，素材，光などの性質やそれらが感情にもたらす効果を多様な視点から理解したり，幅広い視野に立って造形的な特徴などを基に，全体のイメージなどで捉えることを理解したりしている。<br>■形や色彩，素材，光などの性質やそれらが感情にもたらす効果をより実感的に理解できるよう，具体例を示しながら考えさせる。 |
| 技 | 陶芸の制作方法を踏まえ，意図に応じて材料や用具を生かすとともに，手順や技法を吟味し，創造的に表している。 | ◎意図に応じて多様な視点から材料や用具の特性を効果的に生かすとともに，手順や技法について試行錯誤を重ねて吟味し，意図の実現を様々な可能性から追求して創造的に表している。<br>■材料や用具の生かし方や様々な表現方法について実演を行いながら説明し，試させたり，発想や構想をしたことを確認させて生徒自身が表したいことを整理させたりする。 |
| 発 | 使う人の願いや心情，生活環境から生活を心豊かに演出するキャンドルスタンドを社会的な視点に立って発想し，使用する人や場などに求められる機能と美しさとの調和を考え，制作の構想を練っている。 | ◎使う人の願いや心情，生活環境などについて深く考え，生活を心豊かに演出するキャンドルスタンドを社会的な視点に立ってより豊かに発想し，よりよく表現形式の特性を生かし，知識を効果的に活用しながら，幅広い視点に立って使用する人や場などに求められる機能と美しさとの調和を考え，創造的な制作の構想を練っている。<br>■身近な人々が使用することを手がかりに，社会的な視点に立って考えさせたり，鑑賞して感じ取ったことや考えたことなどを振り返らせたりしながら，制作意図と造形の要素の効果や使用する人や場などに求められる機能と美しさとの調和について考えさせる。 |
| 鑑 | 社会的な視点に立ってキャンドルスタンドの造形的なよさや美しさを感じ取り，作者の心情や意図と陶芸の制作過程における工夫や素材の生かし方，技法などについて考え，見方や感じ方を深めている。 | ◎社会的な視点に立って，造形的なよさや美しさをより深く感じ取り，知識を効果的に活用しながら作者の心情や意図と陶芸の制作過程における工夫や素材の生かし方，技法などを関連付けながら考え，自分としての根拠をもちながら見方や感じ方を深めている。<br>■生徒自身が発想したことから作品を見つめさせたり，具体的に社会的な視点を示して作者の心情について考えさせたりすることや，自己の表現の活動を振り返らせて，表現で学んだことと関連させながら見方や感じ方が深められるようにする。 |
| 態表 | 主体的に社会的な視点に | ◎より主体的に自ら進んで表現の創造活動に取り組み，より |

| | | 立って使う人の願いや心情，生活環境から生活を心豊かに演出する表現の創造活動に取り組もうとしている。 | よい制作を目指して，知識を効果的に活用し，社会的な視点に立って使用する人や場などに求められる機能と美しさとの調和について深く考えようとしたり，意図に応じて材料や用具を効果的に生かし，手順や技法を吟味したりして粘り強く創造的に表そうとしている。<br>■使う人や場面，求められる条件などを確認させて，制作の見通しをもたせたり，生徒自身が表したいことを整理させたりすることや，様々な制作方法について示し，それらの生かし方から構想を練らせたり，表すことができるようにしたりする。 |
|---|---|---|---|
| | 態鑑 | 主体的に社会的な視点に立って作品などの造形的なよさや美しさを感じ取り，作者の願いや制作過程における工夫などについて考え，見方や感じ方を深める鑑賞の創造活動に取り組もうとしている。 | ◎より主体的に自ら進んで鑑賞の創造活動に取り組み，作品などを深く見つめ，知識を効果的に活用し，社会的な視点に立って作者の心情や意図と制作過程の工夫などについて幅広く考え，粘り強く見方や感じ方を深めようとしている。<br>■身近な環境を手がかりに社会的な視点に立って見方や感じ方を深められるようにしたり，表現の学習活動で学んだことを関連させ，作者の心情や意図と制作過程における工夫や素材の生かし方などについて気付かせたりする。 |

### （3）本事例における指導と評価の流れ

### ア「知識・技能」

（ア）「造形的な視点を豊かにするための知識」

　この観点は，〔共通事項〕に示された造形的な視点である，形や色彩，素材，光などの性質やそれらが感情にもたらす効果，造形的な特徴などを基に，全体のイメージや作風などで捉えることの理解について評価するものである。ここでは，社会的な視点に立ってキャンドルスタンドの造形的なよさや美しさを感じ取り，作者の心情や意図と陶芸の制作過程における工夫や素材の生かし方，技法などについて考えたり，社会的な視点に立って発想し，使用する人や場などに求められる機能と美しさとの調和を考え，構想を練り，表したりするための「知識」として活用することが大切である。ここでの知識は，表現や鑑賞の場面において，学んだ知識を生かして，形や色彩などの造形の要素に着目してそれらの働きを捉えたり，全体に着目して造形的な特徴などからイメージや作風を捉えたりできるようにするなど，単に暗記することに終始するような知識ではなく，工芸の学習の中で生きて働く知識として実感的な理解の実現状況を評価することが求められる。

知 （第一次，第二次，第三次，第四次，授業外）

　第一次では，様々なキャンドルスタンドを鑑賞する学習活動を通して，形や色彩，素材，光などの性質やそれらが感情にもたらす効果，造形的な特徴などを基に，全体のイメージや作風などで捉えることについて理解ができるようにする。

　ここでは形や色彩などの造形の要素に着目してそれらの働きを捉えたり，全体に着目して造形的な特徴などからイメージや作風などを捉えたりするなどの造形的な視点を豊かにすることが重要である。ここでの評価は，授業の中で，生徒の学習の実現状況を見取り，生徒の学習の改善や，教師の指導の改善につなげるために用いる。そして，第二次の発想や構想をする場面，第三次の制作において創造的に表す技能を働かせる場面，第四次における造形的なよさや美しさを感じ取っ

たり，作者の心情や意図と創造的な表現の工夫などについて考えたりする鑑賞の場面のそれぞれにおいて，造形の要素の働きについて意識を向けて考えたり，大きな視点に立って対象のイメージを捉えたりできるようにし，表現及び鑑賞の学習を深めることができるようにすることに重点を置く。

　本事例では，観点別学習状況の評価の総括に用いる知の評価としては，「形や色彩，素材，光などの性質やそれらが感情にもたらす効果，造形的な特徴などを基に，全体のイメージや作風などで捉えること」について実感的な理解をしていれば，そのことは作品にも現れてくると考えられる。そのことから，第三次において作品から，技の「意図に応じて材料や用具を生かすとともに，手順や技法を吟味して創造的に表している」かを評価する際に，知の「形や色彩，素材，光などの性質やそれらが感情にもたらす効果，造形的な特徴などを基に，全体のイメージや作風などで捉えることを理解している」ことを併せて見取り，知と技を一体的に評価している。

　ここでは，単にキャンドルスタンドをつくればいいのではなく，社会的な視点に立って，使う人の願いや心情，生活環境から発想し，造形的な視点についての理解を深めながら，使用する人や場などに求められる機能と美しさとの調和を考え，制作の構想を練ることが必要である。そして，材料や用具を生かすとともに，手順や技法を吟味して創造的に表すことが大切であり，評価もその視点から知と技を一体的に行うことが考えられる。また，ある程度，造形的な視点について理解はしているが，創造的に表す技能が十分に身に付いていないことで完成作品からだけでは知が見取れない生徒がいることも考えられるため，題材の終了後，発想や構想の学習でワークシートに作成した企画やアイデアスケッチ，鑑賞活動でのワークシートなどで再確認することとした。

　右のワークシートの下線の記述から，結婚式会場を心豊かに演出するために，全体のイメージを捉えて，ハートの形などを基に意匠を考えていることや，会場の人たちの視点に立って，形や色彩，光の効果などを考えた工夫が読み取れる。アイデアスケッチや作品とワークシートの記述からは，この生徒が，形や色彩などの性質やそれらが感情にもたらす効果，お祝いの雰囲気が表せるように全体

＜生徒のアイデアスケッチと作品例＞

＜生徒のワークシートの記述（部分）＞

作品名「お祝いの明かり」
　私は今回の授業で，結婚式場の招待客のそれぞれのテーブルで使うキャンドルスタンドを考えました。
　会場の全ての人にお祝いの気持ちが伝わるように，お祝い事に使われることも多い伝統的な水引と，心を表すハートの形から全体をイメージしました。また，形や色彩は優しい感じになるように考え，明るくそれぞれのテーブルを照らすようにできるだけ光を遮らないように工夫しました。私の制作したキャンドルスタンドが結婚式を心豊かに演出できるとうれしいと思いました。

のイメージなどを捉えることを理解しながら，意図に応じて材料や用具を生かすとともに，手順や

技法を吟味して表していることを見取ることができる。

(イ)「技能に関する資質・能力」

　この観点は，陶芸の制作方法を踏まえ，意図に応じて材料や用具を生かすとともに，手順や技法を吟味し，創造的に表している状況を評価するものである。技能は，制作が進む中で徐々に作品に具体的な形となって現れるものである。そのため制作途中の作品を中心に完成作品からも再度評価し，生徒の創造的に表す技能の高まりを見取ることが大切である。

技 （第三次，授業外）

　ここでは，第三次の前半において，手びねり，ひもづくり，板づくり，透かしなどの陶芸の技法や制作方法を踏まえ，発想や構想をしたことを基に材料や用具を生かして表しているかどうかを見取る。実現できていない生徒に対して発想や構想をしたことをもう一度見直させたり，表現の意図と材料や用具の特性とを関連させて再考させたりするなどの指導を行う。制作が進んできた段階では，工夫等ができていない生徒に重点を置くとともに，手順や技法を吟味して創造的に表しているかを見取り，必要に応じて手立てを講じる。また，成形の途中に相互鑑賞の活動を行い，他者の作品を見たり制作の意図を説明したりすることにより，より表したいものを明確にしていくことができるようにする。完成が近付いてくる第三次の後半は，「十分満足できる」状況（A）と判断される生徒も見取れるようになり，授業中での評価を確定する。また，授業中に評価を行った後に作品が変化する場合もあるので，更に作品の完成後，ワークシート等と見比べながら完成作品からも再度確認することが大切である。

## イ 「思考・判断・表現」

(ア)「発想や構想に関する資質・能力」

　この観点は，使う人の願いや心情，生活環境から生活を心豊かに演出するキャンドルスタンドを社会的な視点に立って発想し，使用する人や場などに求められる機能と美しさとの調和を考え，制作の構想を練る資質・能力を評価するものである。発想や構想は，制作が進む中で徐々に具体的な形になり，更にそこから深まることが多い。そのため発想や構想の場面だけでなく，制作途中の作品を中心に完成作品からも再度評価し，生徒の発想や構想に関する資質・能力の高まりを見取ることが大切である。

発 （第二次，第三次，授業外）

　第二次の前半では，心豊かに発想をすることが重要である。そのため，1時間目の後半から2時間目には発想ができていない生徒を把握することに重点を置き，身近な人々が使用する事を想定して考えさせたり，鑑賞して感じ取ったことや考えたことなどを振り返らせたりしながら，発想ができるように指導を行う。ここで心豊かな発想をすることは，本学習を進める上で基盤となるものであり，発想や構想の質を高めるための重要な部分であるので，一人一人の生徒が心豊かな発想をすることができるように丁寧に見取り，指導をしていくことが大切である。その際，「知識」と関連付け，造形的な視点を豊かにもちながら，発想ができるよう留意する。ワークシートなどの記述

や思考を深めるための図解などを利用し，生徒が考えを可視化したものを評価の資料とすることなども考えられる。

第二次の後半では，発想をしたことなどを基に，制作の構想を練ることが重要である。構想を練り始めた段階では総括に用いる評価の記録を取らず，発想や構想に関する資質・能力の評価規準を基に生徒が共通につま

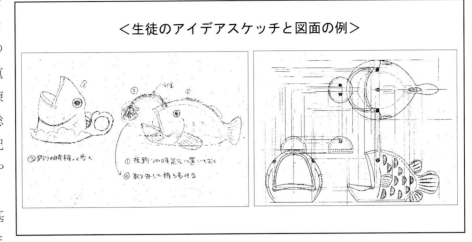

＜生徒のアイデアスケッチと図面の例＞

ずいている点を全体に指導したり，個々の生徒の課題に対して個別の指導をしたりする。学習が進み，多くの生徒が図面などを作成する段階では，まだ構想がまとまらない生徒を重点的に指導し，暫定的に評価する。

第三次の制作の段階では，制作の中での発想の変化や使用する人や場などに求められる機能と美しさとの調和などの構想も作品から具体的に見取れるようになる。作品の完成が近付いてくる段階では，「十分満足できる」状況（Ａ）と判断される生徒も見取れるようになり，授業中での評価を確定する。また，ここでの評価は，題材の終了後に再度評価し，授業中での評価より高まりがあった場合には修正を加える。


(ｲ)「鑑賞に関する資質・能力」

この観点は，社会的な視点に立って造形的なよさや美しさを感じ取り，作者の心情や意図と陶芸の制作過程における工夫や素材の生かし方，技法などについて考え，見方や感じ方を深めるなどの資質・能力を評価するものである。本事例では，第三次にも生徒作品の鑑賞的な活動が位置付けられているが，ここでのねらいは，創造的に表す技能や発想や構想に関する学習を深めるための活動であるため，鑑賞の評価としては位置付けていない。第一次や第四次の鑑賞の活動は，見方や感じ方を深めることをねらいとしていることから，鑑賞の評価の対象として位置付けている。

鑑（第一次，第四次，授業外）

第一次では，様々なキャンドルスタンドをグループで鑑賞し，社会的な視点に立って，感じ取ったことや，作者の心情や意図と制作過程における工夫などについて考えたことなどから根拠をもって批評するなどの活動を行う。ここでは，キャンドルスタンドの鑑賞を通して，造形的なよさや美しさを感じ取ったり，作者の心情や意図と制作過程における工夫などについて考え，見方や感じ方を深めたりしているかどうかを見取る。ここでの評価は，ワークシートの記述や発言の内容から行うことになる。しかし，授業中に鑑賞の指導をしながら全ての生徒を評価することは困難であることから，授業中は，ワークシートの記述や発言の内容等から，鑑賞が深まっていない個々の生徒

や全体に助言をすることに重点を置く。加えて，発言の内容に，「十分満足できる」状況（A）に該当するものがある場合には，その評価を記録しておく。本事例では，観点別学習状況の評価の総括に用いるための評価は，授業終了後，ワークシートの記述を基に評価をすることを基本としている。その際，ワークシートの記述からの評価では「おおむね満足できる」状況（B）であるが，授業中の発言の内容は「十分満足できる」状況（A）と判断される場合には，「十分満足できる」状況（A）と評価することなどが考えられる。

　第一次の鑑賞の学習活動は，鑑賞に関する資質・能力を育成するとともに，第二次の発想や構想の学習活動との関連を図り，鑑賞で学んだことが発想や構想の学習に生かされるようにしている。そのため，生徒が使用するワークシートは第一次の鑑賞と第二次の発想や構想とを関連するように作成している。

### 第一次と第二次で使用するワークシート例

人々の生活を心豊かに演出する～キャンドルスタンドの制作～

（　　　）組（　　　）番（　　　　　　　　　　　　　　　）

**第一次「キャンドルスタンドを鑑賞し，作者の願いと制作過程の工夫について考えよう」**

１．自分が感じた，造形的なよさや美しさやキャンドルスタンドにこめた作者の願いについて考えよう

２．作者が意図を実現するために，どのような制作過程の工夫をしているのかについて考えよう

３．１と２は，キャンドルスタンドのどこから感じたり，考えたりしたのか，部分と全体に着目してまとめよう

**第二次「人々の生活を心豊かに演出するキャンドルスタンドについて考えて制作の構想を練ろう」**

１．人々の生活を心豊かに演出するキャンドルスタンドの企画について考えよう

・作品のコンセプト
　（作品に込める願いや意図，目的，条件，意匠など）

・使用する人や場（誰が，どこで，どのような風に）

・光の効果や光源（ロウソク，LED照明など）

・制作過程の工夫（制作方法，用具）

　第四次では，生徒作品を相互に鑑賞し，造形的なよさや美しさを感じ取り，作者の心情や意図と陶芸の制作過程における工夫や素材の生かし方，技法などについて自分の表現した学習経験から考え，見方や感じ方を深めているかどうかを見取る。ここでの評価は，第一次と同様に授業中は，個々の生徒や全体に助言をすることに重点を置く。加えて，生徒の発言の内容に，「十分満足できる」状況（A）に該当するものがある場合には，その評価を記録しておくとともに，題材の終了後にワークシートと併せて見取り評価を確定する。

　本事例では，第一次と第四次の鑑賞の学習活動は，それぞれが同じ題材の評価規準で生徒の実現状況を見取っていることから，第一次と第四次の評価した結果を同等に扱い，最終的に，二つの評価結果を総括して鑑賞に関する資質・能力の評価とすることが考えられる。

## ウ「主体的に学習に取り組む態度」

　この観点は，「知識及び技能」，「思考力，判断力，表現力等」を身に付けようとしたり，発揮し

ようとしたりすることへ向かう主体的な学習に対する態度を評価するものである。特に表現活動では，発想や構想を練るためにアイデアスケッチを熱心に繰り返し描いたり，創造的に表す技能を働かせるために材料や用具の特性を生かそうとするなど，表現方法を創意工夫したりするような能動的な姿が授業の中で現れることがある。机間指導等の際にこのような試行錯誤を繰り返し粘り強く取り組んだり，よりよい表現を目指して発想や構想及び技能を工夫改善したりしていく様子などの姿を捉えながら指導と評価を行うことが大切である。

　本事例に該当する工芸Ⅰでは，「評価の観点の趣旨」において「主体的に工芸の幅広い創造活動に取り組もうとしている。」としており，その趣旨に応じて生徒の実現状況を見取ることが求められる。工芸Ⅰの「主体的に学習に取り組む態度」の評価では，生徒自らが学習の目標を明確にもち，その実現に向けて意欲的に取り組む学習の過程を大切にすることに留意する。

　本事例では，第3編第1章「2　題材の評価規準の作成のポイント（2）『内容のまとまりごとの評価規準（例）』の活用『題材の評価規準』を作成する」で示したとおり，「内容のまとまりごとの評価規準（例）」から題材の「主体的に学習に取り組む態度」の評価規準を作成している。本参考資料第2編の「内容のまとまりごとの評価規準（例）」に示された「主体的に学習に取り組む態度」の評価規準は，各領域の内容のまとまりごとの全体におけるものとして示されているものであることから，題材において評価に用いるときには，題材のそれぞれの時間の学習活動に該当する「知識・技能」，「思考・判断・表現」の題材の評価規準と対応させて，より具体的に生徒の「主体的な学習に取り組む態度」における実現状況を見取ることが大切である。（【図表③】参照）

---

**【図表③】**事例「人々の生活を心豊かに演出する〜キャンドルスタンドの制作〜」の第二次における「●使う人や場面を考え，心豊かな発想をする」「●機能と美しさとの調和を考え，制作の構想を練る」学習活動の「主体的に学習に取り組む態度」の評価の例

「知識・技能」（知識）の評価規準

知　形や色彩，素材，光などの性質やそれらが感情にもたらす効果，造形的な特徴などを基に，全体のイメージや作風などで捉えることを理解している。

「主体的に学習に取り組む態度」の評価規準

態表　主体的に社会的な視点に立って使う人の願いや心情，生活環境から生活を心豊かに演出する表現の創造活動に取り組もうとしている。

学習活動における「知識及び技能」，「思考力，判断力，表現力等」を身に付けようとしたり，発揮しようとしたりすることへ向かう主体的な学習に対する態度を評価する。

「思考・判断・表現」（発想や構想）の評価規準

発　使う人の願いや心情，生活環境から生活を心豊かに演出するキャンドルスタンドを社会的な視点に立って発想し，使用する人や場などに求められる機能と美しさとの調和を考え，制作の構想を練っている。

※本事例の表現に関する「主体的に学習に取り組む態度」の評価規準（態表）は，第二次の発想や構想の学習活動における「主体的に学習に取り組む態度」と，第三次の技能を働かせる学習活動における「主体的に学習に取り組む態度」の二つの評価場面を位置付けている。

---

態鑑（第一次）

　第一次では，社会的な視点に立ってキャンドルスタンドの造形的なよさや美しさを感じ取り，作者の心情や意図と制作過程における工夫や素材の生かし方，技法などについて考え，見方や感じ方

を深めようとしていく意欲や態度を高めることが重要である。評価は，様々なキャンドルスタンドを鑑賞する様子などを基に，生徒の鑑賞への関心や意欲等を把握することに重点を置く。ここでは，〔共通事項〕に示された造形的な視点である，形や色彩，素材，光などの性質やそれらが感情にもたらす効果，造形的な特徴などを基に，全体のイメージや作風などで捉えることについて理解したことを活用しながら主体的に作品を鑑賞し，キャンドルスタンドのよさや美しさを感じ取ろうとしたり，作者の心情や意図と制作過程における工夫や素材の生かし方，技法などについて考えようとしたりしているかを見取り，総括に用いるための記録をしておく。

態表 （第二次）

　第二次の前半では，使う人の願いや心情，生活環境から生活を心豊かに演出するキャンドルスタンドを社会的な視点に立って発想し，使用する人や場などに求められる機能と美しさとの調和を考え，制作の構想を練ろうとする発想や構想への意欲や態度を高めることが重要である。そのため，前半には題材に興味や関心がもてず，発想について意欲的に取り組めていない生徒を把握することに重点を置く。それらの生徒に対しては，意欲が高まるように机間指導等を行う。

　後半から終盤では，発想したことをよりよく表すために，造形的な視点を意識しながら制作の構想を練ろうとしている意欲や態度を見取る。第二次を通して，よりよい発想や構想を目指して改善を繰り返したり，継続して意欲的に取り組んだりする姿などを総括に用いる評価として記録をしておく。

態表 （第三次）

　第三次では，陶芸の制作方法を踏まえ，意図に応じて材料や用具を生かすとともに，手順や技法を吟味し，創造的に表そうとする態度を高めることが重要である。そのため，前半は，制作への意欲がもてない生徒を把握し，主体的に意図に応じて創造的に表そうとする態度が高まるように指導をする。また，造形的な視点について意識できていない生徒を把握し，関心や意欲が高まるように机間指導等を行う。

　中盤から終盤では，生徒が主体的に制作に取り組み，造形的な視点を意識しながら技能を働かせて創造的に表そうとしている態度を見取る。制作の段階における「主体的に学習に取り組む態度」は，よりよい制作を目指して試行錯誤する姿や，知識や技能を身に付けようと継続的に意欲を発揮している姿などを評価することが大切なので，前半と後半の状況とを同等に扱い，総括に用いる評価として記録をしておくことなどが考えられる。

態鑑 （第四次）

　第四次では，生徒自身が実際にキャンドルスタンドをテーマにした作品を制作した経験を生かしながら，社会的な視点に立って制作した生徒作品の造形的なよさや美しさを感じ取り，作者の心情や意図と陶芸の制作過程における工夫や素材の生かし方，技法などについて考え，見方や感じ方を深めようとしていく意欲や態度を高めることが重要である。評価は，第一次と同様に生徒が他の生徒の作品を鑑賞する様子などを基に，鑑賞への関心や意欲等を把握することに重点を置く。〔共通事項〕に示された造形的な視点を豊かにするための知識について理解したことを活用しながら主

体的に作品を鑑賞し，作品のよさや美しさを感じ取ろうとしたり，作者の心情や表現の意図と工夫などについて考えようとしたりしているかを見取り，総括に用いるための記録をしておく。

## 5　観点別学習状況の評価の総括

### （1）各観点の構造と総括の考え方

　本事例では，「知識・技能」の評価は知と技を知・技として一体的に総括している。「思考・判断・表現」の評価は，発と事前に第一次と第四次を総括した鑑の結果を合わせて総括している。「主体的に学習に取り組む態度」の評価は学習活動に取り組む態度の高まりや継続性を重視し，態表（第二次），態表（第三次），態鑑（第一次），態鑑（第四次）の結果を合わせて総括している。

### （2）観点別学習状況の評価の総括の具体

　「題材の評価規準」に照らして，「Ａ」，「Ｂ」，「Ｃ」の３段階で行った評価結果を基に，題材として観点ごとに「Ａ」，「Ｂ」，「Ｃ」で評価の総括を行う。本事例では，評価結果のうち複数あるものについては，最も数の多い記号が観点ごとの学習状況を最もよく表しているという考え方と，複数回評価したうちのどれかに重みを付けるという考え方に立って評価の総括を行った。（＜本事例における観点別学習状況の評価の総括の例＞を参照）

　例えば，ある観点の評価を三回行った場合，それぞれの評価結果が「Ａ，Ａ，Ｂ」なら，「Ａ」と総括する。ただし，「Ａ」，「Ｃ」の両方が含まれている場合は，「Ｂ，Ｂ」と同様の評価結果と見なして総括するのが適当であると考えた。また，評価結果が「Ａ，Ｂ」のように「Ａ」の数と「Ｂ」の数が同数になることがある。このような場合は，例えば，学習のねらいや時間数等に応じて，ある場面の評価に重み付けをすることや，「Ａ」「Ｂ」が同数であれば「Ａ」とするなど，あらかじめ総括する方法を決めておくことが大切である。

## ＜本事例での評価の総括の具体＞

### ア「知識・技能」の評価の総括

　本事例では，「形や色彩，素材，光などの性質やそれらが感情にもたらす効果，造形的な特徴などを基に，全体のイメージや作風などで捉えること」について実感的な理解をしていれば，そのことは発想や構想をしたことを基に技能を働かせて表された作品に現れてくると考えた。ここでは，キャンドルスタンドの造形的なよさや美しさを感じ取り，作者の心情や意図と陶芸の制作過程における工夫や素材の生かし方，技法などについて考えたり，社会的な視点に立って発想し，使用する人や場などに求められる機能と美しさとの調和を考え，制作の構想を練り，表したりするために活用する「知識」として評価する。総括では，〔共通事項〕に示された，形や色彩，素材，光などの性質やそれらが感情にもたらす効果，造形的な特徴などを基に，全体のイメージや作風などで捉えることの理解を評価する知と，意図に応じて材料や用具の特性を生かすとともに，表現方法を創意工夫し，発想や構想をしたことを基に，創造的に表しているかどうかを評価する技の結果を合わせて，知・技として一体的に総括し，「知識・技能」の評価とした。

## イ「思考・判断・表現」の評価の総括

　第二次及び第三次において評価した，発の実現状況の結果と，第一次及び第四次において評価した鑑の実現状況の結果とを合わせて総括し，「思考・判断・表現」の評価とした。その際，本事例では，第二次と第三次における発と関連する学習活動の時間は合わせると 14 時間，第一次と第四次における鑑と関連する学習活動の時間は 4 時間であることや，表現に関する資質・能力の育成に重点を置いていることなどから，「思考・判断・表現」の評価では，発想を基にどのような構想を練ったかが重要であると考え，発に重み付けをして総括している。

## ウ「主体的に学習に取り組む態度」の評価の総括

　表現における態表（第二次），態表（第三次）と鑑賞における態鑑（第一次），態鑑（第四次）の場面で評価を行っているが，本事例における「主体的に学習に取り組む態度」は，表現や鑑賞の活動を通してある程度継続的に実現していることが大切である。したがって，表現の場面において評価した結果と鑑賞の場面において評価した結果を同等に扱い，最も数が多い記号を基に総括を行うことが考えられる。その際，評価結果が「ＡＡ，ＢＢ」のように「Ａ」の数と「Ｂ」の数が同数になった場合には，「思考・判断・表現」の評価と同様に態表に重み付けをして総括している。

### ＜本事例における観点別学習状況の評価の総括の例＞

| 観点 | 「知識・技能」 | | 「思考・判断・表現」 | | | 「主体的に学習に取り組む態度」 | | | | |
|---|---|---|---|---|---|---|---|---|---|---|
| 氏名 | 評価規準 | 評価 | 評価規準 | | 評価 | 評価規準 | | | | 評価 |
| | 知・技 | | 発 | 鑑 | | 態鑑<br>(第一次) | 態表<br>(第二次) | 態表<br>(第三次) | 態鑑<br>(第四次) | |
| い | A | A | B | A | B | B | A | A | A | A |
| ろ | B | B | A | B | A | B | A | B | C | B |
| は | C | C | C | B | C | B | C | C | B | C |
| に | A | A | A | B | A | B | A | A | B | A |
| … | … | … | … | … | … | … | … | … | … | … |

# 巻末資料

# 高等学校芸術科（工芸）における「内容のまとまりごとの評価規準（例）」

## 1　芸術の目標と工芸の評価の観点及びその趣旨

　芸術の幅広い活動を通して，各科目における見方・考え方を働かせ，生活や社会の中の芸術や芸術文化と豊かに関わる資質・能力を次のとおり育成することを目指す。

| | （1） | （2） | （3） |
|---|---|---|---|
| 目標 | 芸術に関する各科目の特質について理解するとともに，意図に基づいて表現するための技能を身に付けるようにする。 | 創造的な表現を工夫したり，芸術のよさや美しさを深く味わったりすることができるようにする。 | 生涯にわたり芸術を愛好する心情を育むとともに，感性を高め，心豊かな生活や社会を創造していく態度を養い，豊かな情操を培う。 |

（高等学校学習指導要領 P.141）

| 観点 | 知識・技能 | 思考・判断・表現 | 主体的に学習に取り組む態度 |
|---|---|---|---|
| 趣旨 | ・対象や事象を捉える造形的な視点について理解を深めている。<br>・創造的な工芸の制作をするために必要な技能を身に付け，意図に応じて制作方法を創意工夫し，表している。 | 造形的なよさや美しさ，表現の意図と創意工夫，工芸の働きなどについて考えるとともに，思いや願いなどから発想や構想を練ったり，工芸や工芸の伝統と文化に対する見方や感じ方を深めたりしている。 | 工芸や工芸の伝統と文化と豊かに関わり主体的に表現及び鑑賞の創造活動に取り組もうとしている。 |

（改善等通知　別紙5　P.3）

## 2　各科目の目標と評価の観点の趣旨
## (1)　工芸Ⅰの目標と評価の観点の趣旨

　工芸の幅広い創造活動を通して，造形的な見方・考え方を働かせ，美的体験を重ね，生活や社会の中の工芸や工芸の伝統と文化と幅広く関わる資質・能力を次のとおり育成することを目指す。

| | （1） | （2） | （3） |
|---|---|---|---|
| 目標 | 対象や事象を捉える造形的な視点について理解を深めるとともに，意図に応じて制作方法を創意工夫し，創造的に表すことができるようにする。 | 造形的なよさや美しさ，表現の意図と創意工夫，工芸の働きなどについて考え，思いや願いなどから心豊かに発想し構想を練ったり，価値意識をもって工芸や工芸の伝統と文化に対する見方や感じ方を深めたりすることができるようにする。 | 主体的に工芸の幅広い創造活動に取り組み，生涯にわたり工芸を愛好する心情を育むとともに，感性を高め，工芸の伝統と文化に親しみ，生活や社会を心豊かにするために工夫する態度を養う。 |

（高等学校学習指導要領 P.152）

| 観点 | 知識・技能 | 思考・判断・表現 | 主体的に学習に取り組む態度 |
|---|---|---|---|
| 趣旨 | ・対象や事象を捉える造形的な視点について理解を深めている。<br>・意図に応じて制作方法を創意工夫し，創造的に表している。 | 造形的なよさや美しさ，表現の意図と創意工夫，工芸の働きなどについて考え，思いや願いなどから心豊かに発想し構想を練ったり，価値意識をもって工芸や工芸の伝統と文化に対する見方や感じ方を深めたりしている。 | 主体的に工芸の幅広い創造活動に取り組もうとしている。 |

## (2) 工芸Ⅰの「内容のまとまりごとの評価規準（例）」
### (ｱ) 「身近な生活と工芸 「Ａ表現」(1)，〔共通事項〕」

| 知識・技能 | 思考・判断・表現 | 主体的に学習に取り組む態度 |
|---|---|---|
| ・造形の要素の働きを理解している。<br>・造形的な特徴などを基に，全体のイメージや作風，様式などで捉えることを理解している。<br>・制作方法を踏まえ，意図に応じて材料や用具を生かしている。<br>・手順や技法などを吟味し，創造的に表している。 | ・自然や素材，自己の思いなどから心豊かな発想をしている。<br>・用途と美しさとの調和を考え，日本の伝統的な表現のよさなどを生かした制作の構想を練っている。 | ・主体的に身近な生活と工芸の表現の創造活動に取り組もうとしている。 |

### (ｲ) 「社会と工芸 「Ａ表現」(2)，〔共通事項〕」

| 知識・技能 | 思考・判断・表現 | 主体的に学習に取り組む態度 |
|---|---|---|
| ・造形の要素の働きを理解している。<br>・造形的な特徴などを基に，全体のイメージや作風，様式などで捉えることを理解している。<br>・制作方法を踏まえ，意図に応じて材料や用具を生かしている。<br>・手順や技法などを吟味し，創造的に表している。 | ・使う人の願いや心情，生活環境などから心豊かな発想をしている。<br>・使用する人や場などに求められる機能と美しさとの調和を考え，制作の構想を練っている。 | ・主体的に社会と工芸の表現の創造活動に取り組もうとしている。 |

### (ウ) 「作品や工芸の伝統と文化などの鑑賞　「B鑑賞」及び〔共通事項〕」

| 知識・技能 | 思考・判断・表現 | 主体的に学習に取り組む態度 |
|---|---|---|
| ・造形の要素の働きを理解している。<br>・造形的な特徴などを基に，全体のイメージや作風，様式などで捉えることを理解している。 | ・身近な生活の視点に立ってよさや美しさを感じ取り，作者の心情や意図と制作過程における工夫や素材の生かし方，技法などについて考え，見方や感じ方を深めている。<br>・社会的な視点に立ってよさや美しさを感じ取り，作者の心情や意図と制作過程における工夫や素材の生かし方，技法などについて考え，見方や感じ方を深めている。<br>・環境の中に見られる造形的なよさや美しさを感じ取り，自然と工芸との関わり，生活や社会を心豊かにする工芸の働きについて考え，見方や感じ方を深めている。<br>・工芸作品や文化遺産などから日本の工芸の特質や美意識を感じ取り，工芸の伝統と文化について考え，見方や感じ方を深めている。 | ・主体的に作品や工芸の伝統と文化の鑑賞の創造活動に取り組もうとしている。 |

### (3) 工芸Ⅱの目標と評価の観点の趣旨

　工芸の創造的な諸活動を通して，造形的な見方・考え方を働かせ，美的体験を深め，生活や社会の中の工芸や工芸の伝統と文化と深く関わる資質・能力を次のとおり育成することを目指す。

| | （1） | （2） | （3） |
|---|---|---|---|
| 目標 | 対象や事象を捉える造形的な視点について理解を深めるとともに，意図に応じて制作方法を創意工夫し，個性豊かで創造的に表すことができるようにする。 | 造形的なよさや美しさ，表現の意図と創造的な工夫，工芸の働きなどについて考え，思いや願いなどから個性豊かに発想し構想を練ったり，自己の価値観を高めて工芸や工芸の伝統と文化に対する見方や感じ方を深めたりすることができるよ | 主体的に工芸の創造的な諸活動に取り組み，生涯にわたり工芸を愛好する心情を育むとともに，感性と美意識を高め，工芸の伝統と文化に親しみ，生活や社会を心豊かにするために工夫する態度を養う。 |

| 観点 | 知識・技能 | 思考・判断・表現 | 主体的に学習に取り組む態度 |
|---|---|---|---|
| | | | うにする。 |

（高等学校学習指導要領 P. 154）

| 観点 | 知識・技能 | 思考・判断・表現 | 主体的に学習に取り組む態度 |
|---|---|---|---|
| 趣旨 | ・対象や事象を捉える造形的な視点について理解を深めている。<br>・意図に応じて制作方法を創意工夫し，個性豊かで創造的に表している。 | 造形的なよさや美しさ，表現の意図と創造的な工夫，工芸の働きなどについて考え，思いや願いなどから個性豊かに発想し構想を練ったり，自己の価値観を高めて工芸や工芸の伝統と文化に対する見方や感じ方を深めたりしている。 | 主体的に工芸の創造的な諸活動に取り組もうとしている。 |

## (4) 工芸Ⅱの「内容のまとまりごとの評価規準（例）」
## (ｱ) 「身近な生活と工芸 「A表現」(1), 〔共通事項〕」

| 知識・技能 | 思考・判断・表現 | 主体的に学習に取り組む態度 |
|---|---|---|
| ・造形の要素の働きを理解している。<br>・造形的な特徴などを基に，全体のイメージや作風，様式などで捉えることを理解している。<br>・制作方法を踏まえ，意図に応じて材料，用具，手順，技法などを生かし，個性豊かで創造的に表している。 | ・生活の中の工芸を捉え，自己の思いや体験，夢などから個性豊かで創造的な発想をしている。<br>・用途と美しさとの調和を考え，素材の特質や表現の多様性などを生かした制作の構想を練っている。 | ・主体的に身近な生活と工芸の表現の創造的な諸活動に取り組もうとしている。 |

## (ｲ) 「社会と工芸 「A表現」(2), 〔共通事項〕」

| 知識・技能 | 思考・判断・表現 | 主体的に学習に取り組む態度 |
|---|---|---|
| ・造形の要素の働きを理解している。<br>・造形的な特徴などを基に，全体のイメージや作風，様式などで捉えることを理解している。<br>・制作方法を踏まえ，意図に応じて材料，用具，手順，技法などを生かし，個性豊かで創造的に表している。 | ・社会や生活環境などの多様な視点や使う人の願いなどから個性豊かで創造的な発想をしている。<br>・社会における有用性，機能と美しさとの調和を考え，素材の特質や表現の多様性などを生かした制作の構想を練っている。 | ・主体的に社会と工芸の表現の創造的な諸活動に取り組もうとしている。 |

### (ｳ) 「作品や工芸や工芸の伝統と文化などの鑑賞 「Ｂ鑑賞」及び〔共通事項〕」

| 知識・技能 | 思考・判断・表現 | 主体的に学習に取り組む態度 |
|---|---|---|
| ・造形の要素の働きを理解している。<br>・造形的な特徴などを基に，全体のイメージや作風，様式などで捉えることを理解している。 | ・身近な生活の視点に立ってよさや美しさを感じ取り，発想や構想の独自性と表現の工夫などについて多様な視点から考え，見方や感じ方を深めている。<br>・社会的な視点に立ってよさや美しさを感じ取り，発想や構想の独自性と表現の工夫などについて多様な視点から考え，見方や感じ方を深めている。<br>・工芸のもつ機能性と美しさなどを感じ取り，生活環境の改善や心豊かな生き方に関わる工芸の働きについて考え，見方や感じ方を深めている。<br>・工芸作品や文化遺産などから表現の独自性などを感じ取り，時代，民族，風土などによる表現の相違点や共通点などから工芸の伝統と文化について考え，見方や感じ方を深めている。 | ・主体的に作品や工芸の伝統と文化の鑑賞の創造的な諸活動に取り組もうとしている。 |

### (5) 工芸Ⅲの目標と評価の観点の趣旨

　工芸の創造的な諸活動を通して，造形的な見方・考え方を働かせ，美的体験を豊かにし，生活や社会の中の多様な工芸や工芸の伝統と文化と深く関わる資質・能力を次のとおり育成することを目指す。

| | （1） | （2） | （3） |
|---|---|---|---|
| 目標 | 対象や事象を捉える造形的な視点について理解を深めるとともに，意図に応じて制作方法を追求し，個性を生かして創造的に表すことができるようにする。 | 造形的なよさや美しさ，独創的な表現の意図と工夫，工芸の働きなどについて考え，思いや願いなどから個性を生かして発想し構想を練ったり，自己の価値観を働かせて工芸や工芸の | 主体的に工芸の創造的な諸活動に取り組み，生涯にわたり工芸を愛好する心情を育むとともに，感性と美意識を磨き，工芸の伝統と文化を尊重し，生活や社会を心豊かにするために工夫す |

| 観点 | 知識・技能 | 思考・判断・表現 | 主体的に学習に取り組む態度 |
|---|---|---|---|
| | | 伝統と文化に対する見方や感じ方を深めたりすることができるようにする。 | る態度を養う。 |

| 観点 | 知識・技能 | 思考・判断・表現 | 主体的に学習に取り組む態度 |
|---|---|---|---|
| 趣旨 | ・対象や事象を捉える造形的な視点について理解を深めている。<br>・意図に応じて制作方法を追求し，個性を生かして創造的に表している。 | 造形的なよさや美しさ，独創的な表現の意図と工夫，工芸の働きなどについて考え，思いや願いなどから個性を生かして発想し構想を練ったり，自己の価値観を働かせて工芸や工芸の伝統と文化に対する見方や感じ方を深めたりしている。 | 主体的に工芸の創造的な諸活動に取り組もうとしている。 |

### (6) 工芸Ⅲの「内容のまとまりごとの評価規準（例）」
### (7) 「身近な生活と工芸 「Ａ表現」(1)，〔共通事項〕」

| 知識・技能 | 思考・判断・表現 | 主体的に学習に取り組む態度 |
|---|---|---|
| ・造形の要素の働きを理解している。<br>・造形的な特徴などを基に，全体のイメージや作風，様式などで捉えることを理解している。<br>・制作過程全体を見通して制作方法を追求し，個性を生かして創造的に表している。 | ・生活の中の工芸を多様な視点に立って考え，自己の思いなどから個性を生かして独創的に発想し，美的で心豊かな制作の構想を練っている。 | ・主体的に身近な生活と工芸の表現の創造的な諸活動に取り組もうとしている。 |

### (イ) 「社会と工芸 「Ａ表現」(2)，〔共通事項〕」

| 知識・技能 | 思考・判断・表現 | 主体的に学習に取り組む態度 |
|---|---|---|
| ・造形の要素の働きを理解している。<br>・造形的な特徴などを基に，全体のイメージや作風，様式などで捉えることを理解している。<br>・制作過程全体を見通して制作方法を追求し，個性を生かして創造的に表している。 | ・社会における有用性，生活環境の特性などについて多様な視点に立って考え，使う人の願いなどから個性を生かして独創的に発想し，美的で心豊かな制作の構想を練っている。 | ・主体的に社会と工芸の表現の創造的な諸活動に取り組もうとしている。 |

巻末資料

(ウ) 「作品や工芸の伝統と文化などの鑑賞 「Ｂ鑑賞」及び〔共通事項〕」

| 知識・技能 | 思考・判断・表現 | 主体的に学習に取り組む態度 |
|---|---|---|
| ・造形の要素の働きを理解している。<br>・造形的な特徴などを基に，全体のイメージや作風，様式などで捉えることを理解している。 | ・身近な生活や社会的な視点に立ってよさや美しさを感じ取り，生活文化と工芸との関わり，作品が生まれた背景などについて考え，見方や感じ方を深めている。<br>・工芸作品や文化遺産などから伝統と文化の価値を感じ取り，国際理解に果たす工芸の役割や工芸の伝統と文化の継承，発展，創造することの意義について考え，見方や感じ方を深めている。 | ・主体的に作品や工芸の伝統と文化の鑑賞の創造的な諸活動に取り組もうとしている。 |

巻末
資料

評価規準，評価方法等の工夫改善に関する調査研究について

令和 2 年 4 月 13 日　国立教育政策研究所長裁定
令和 2 年 6 月 25 日　一　　部　　改　　正

1　趣　旨

　　学習評価については，中央教育審議会初等中等教育分科会教育課程部会において「児童生徒の学習評価の在り方について」（平成 31 年 1 月 21 日）の報告がまとめられ，新しい学習指導要領に対応した，各教科等の評価の観点及び評価の観点に関する考え方が示されたところである。

　　これを踏まえ，各小学校，中学校及び高等学校における児童生徒の学習の効果的，効率的な評価に資するため，教科等ごとに，評価規準，評価方法等の工夫改善に関する調査研究を行う。

2　調査研究事項

（1）評価規準及び当該規準を用いた評価方法に関する参考資料の作成

（2）学校における学習評価に関する取組についての情報収集

（3）上記（1）及び（2）に関連する事項

3　実施方法

　　調査研究に当たっては，教科等ごとに教育委員会関係者，教師及び学識経験者等を協力者として委嘱し，2 の事項について調査研究を行う。

4　庶　務

　　この調査研究にかかる庶務は，教育課程研究センターにおいて処理する。

5　実施期間

　　令和 2 年 5 月 1 日〜令和 3 年 3 月 31 日

　　令和 3 年 4 月 16 日〜令和 4 年 3 月 31 日

巻末
資料

評価規準，評価方法等の工夫改善に関する調査研究協力者（五十音順）

（職名は令和3年4月現在）

| | | |
|---|---|---|
| 神田　春菜 | 東京学芸大学附属高等学校教諭 | |
| 新野　貴則 | 山梨大学准教授 | |
| 原島　秀行 | 埼玉県立浦和高等学校教諭 | |
| 東良　雅人 | 京都市総合教育センター副所長 | （令和3年4月1日から） |
| 平野　信子 | 千葉県立幕張総合高等学校教諭 | |
| 横田　学 | 京都市立芸術大学名誉教授 | |

国立教育政策研究所においては，次の関係官が担当した。

平田　朝一　国立教育政策研究所教育課程研究センター研究開発部教育課程調査官
（令和3年4月1日から）
東良　雅人　国立教育政策研究所教育課程研究センター研究開発部教育課程調査官
（令和3年3月31日まで）

この他，本書編集の全般にわたり，国立教育政策研究所において以下の者が担当した。

鈴木　敏之　国立教育政策研究所教育課程研究センター長
（令和2年7月1日から）
笹井　弘之　国立教育政策研究所教育課程研究センター長
（令和2年6月30日まで）
杉江　達也　国立教育政策研究所教育課程研究センター研究開発部副部長
（令和3年4月1日から）
清水　正樹　国立教育政策研究所教育課程研究センター研究開発部副部長
（令和3年3月31日まで）
新井　敬二　国立教育政策研究所教育課程研究センター研究開発部研究開発課長
（令和3年4月1日から令和3年7月31日まで）
岩城由紀子　国立教育政策研究所教育課程研究センター研究開発部研究開発課長
（令和3年3月31日まで）
間宮　弘介　国立教育政策研究所教育課程研究センター研究開発部研究開発課指導係長

奥田　正幸　国立教育政策研究所教育課程研究センター研究開発部研究開発課指導係専門職
（令和3年3月31日まで）
髙辻　正明　国立教育政策研究所教育課程研究センター研究開発部教育課程特別調査員

前山　大樹　国立教育政策研究所教育課程研究センター研究開発部教育課程特別調査員
（令和3年4月1日から）

# 学習指導要領等関係資料について

　学習指導要領等の関係資料は以下のとおりです。いずれも，文部科学省や国立教育政策研究所のウェブサイトから閲覧が可能です。スマートフォンなどで閲覧する際は，以下の二次元コードを読み取って，資料に直接アクセスすることが可能です。本書と併せて是非御覧ください。

① 学習指導要領，学習指導要領解説　等
② 中央教育審議会答申「幼稚園，小学校，中学校，高等学校及び特別支援学校の学習指導要領等の改善及び必要な方策等について」(平成 28 年 12 月 21 日)
③ 中央教育審議会初等中等教育分科会教育課程部会報告「児童生徒の学習評価の在り方について」(平成 31 年 1 月 21 日)
④ 小学校，中学校，高等学校及び特別支援学校等における児童生徒の学習評価及び指導要録の改善等について(平成 31 年 3 月 29 日 30 文科初第 1845 号初等中等教育局長通知)
　　　　　　　　　　※各教科等の評価の観点等及びその趣旨や指導要録(参考様式)は，同通知に掲載。
⑤ 学習評価の在り方ハンドブック(小・中学校編)(令和元年 6 月)
⑥ 学習評価の在り方ハンドブック(高等学校編)(令和元年 6 月)
⑦ 平成 29 年改訂の小・中学校学習指導要領に関する Q&A
⑧ 平成 30 年改訂の高等学校学習指導要領に関する Q&A
⑨ 平成 29・30 年改訂の学習指導要領下における学習評価に関する Q&A

# 学習評価の
# 在り方
# ハンドブック

高等学校編

学習指導要領　学習指導要領解説

学習評価の基本的な考え方

学習評価の基本構造

総合的な探究の時間及び特別活動の評価について

観点別学習状況の評価について

学習評価の充実

Q&A　－先生方の質問にお答えします－

文部科学省　国立教育政策研究所教育課程研究センター

# 学習指導要領

## 学習指導要領とは, 国が定めた「教育課程の基準」です。

（学校教育法施行規則第52条, 74条, 84条及び129条等より）

### ■学習指導要領の構成
〈高等学校の例〉

前文　第1章　総則
　　　第2章　各学科に共通する各教科
　　　　第1節　国語
　　　　第2節　地理歴史
　　　　第3節　公民
　　　　第4節　数学
　　　　第5節　理科
　　　　第6節　保健体育
　　　　第7節　芸術
　　　　第8節　外国語
　　　　第9節　家庭
　　　　第10節　情報
　　　　第11節　理数
　　　第3章　主として専門学科において
　　　　　　　開設される各教科
　　　　第1節　農業
　　　　第2節　工業
　　　　第3節　商業
　　　　第4節　水産
　　　　第5節　家庭
　　　　第6節　看護
　　　　第7節　情報
　　　　第8節　福祉
　　　　第9節　理数
　　　　第10節　体育
　　　　第11節　音楽
　　　　第12節　美術
　　　　第13節　英語
　　　第4章　総合的な探究の時間
　　　第5章　特別活動

**総則は, 以下の項目で整理され, 全ての教科等に共通する事項が記載されています。**
- 第1款　高等学校教育の基本と教育課程の役割
- 第2款　教育課程の編成
- 第3款　教育課程の実施と学習評価
- 第4款　単位の修得及び卒業の認定
- 第5款　生徒の発達の支援
- 第6款　学校運営上の留意事項
- 第7款　道徳教育に関する配慮事項

> 学習評価の実施に当たっての配慮事項

**各教科等の目標, 内容等が記載されています。**
（例）第1節　国語
- 第1款　目標
- 第2款　各科目
- 第3款　各科目にわたる指導計画の作成と内容の取扱い

平成30年改訂学習指導要領の各教科等の目標や内容は, 教育課程全体を通して育成を目指す資質・能力の三つの柱に基づいて再整理されています。

ア　何を理解しているか, 何ができるか
　　（生きて働く「知識・技能」の習得）
　　※職業に関する教科については, 「知識・技術」

イ　理解していること・できることをどう使うか（未知の状況にも対応できる「思考力・判断力・表現力等」の育成）

ウ　どのように社会・世界と関わり, よりよい人生を送るか
　　（学びを人生や社会に生かそうとする「学びに向かう力・人間性等」の涵養）

平成30年改訂「高等学校学習指導要領」より

詳しくは, 文部科学省Webページ「学習指導要領のくわしい内容」をご覧ください。
(http://www.mext.go.jp/a_menu/shotou/new-cs/1383986.htm)

# 学習指導要領解説

　学習指導要領解説とは,大綱的な基準である学習指導要領の記述の意味や解釈などの詳細について説明するために,文部科学省が作成したものです。

## ■学習指導要領解説の構成
〈高等学校 国語編の例〉

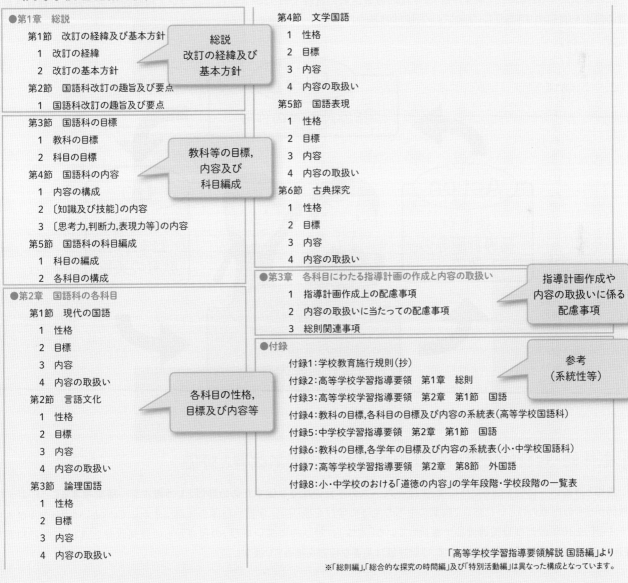

●第1章　総説

　第1節　改訂の経緯及び基本方針

　　1　改訂の経緯

　　2　改訂の基本方針

　〔総説 改訂の経緯及び基本方針〕

　第2節　国語科改訂の趣旨及び要点

　　1　国語科改訂の趣旨及び要点

　第3節　国語科の目標

　　1　教科の目標

　　2　科目の目標

　第4節　国語科の内容

　　1　内容の構成

　　2　〔知識及び技能〕の内容

　　3　〔思考力,判断力,表現力等〕の内容

　〔教科等の目標, 内容及び 科目編成〕

　第5節　国語科の科目編成

　　1　科目の編成

　　2　各科目の構成

●第2章　国語科の各科目

　第1節　現代の国語

　　1　性格

　　2　目標

　　3　内容

　　4　内容の取扱い

　第2節　言語文化

　　1　性格

　　2　目標

　　3　内容

　　4　内容の取扱い

　〔各科目の性格, 目標及び内容等〕

　第3節　論理国語

　　1　性格

　　2　目標

　　3　内容

　　4　内容の取扱い

　第4節　文学国語

　　1　性格

　　2　目標

　　3　内容

　　4　内容の取扱い

　第5節　国語表現

　　1　性格

　　2　目標

　　3　内容

　　4　内容の取扱い

　第6節　古典探究

　　1　性格

　　2　目標

　　3　内容

　　4　内容の取扱い

●第3章　各科目にわたる指導計画の作成と内容の取扱い

　　1　指導計画作成上の配慮事項

　　2　内容の取扱いに当たっての配慮事項

　　3　総則関連事項

　〔指導計画作成や 内容の取扱いに係る 配慮事項〕

●付録

　付録1:学校教育施行規則(抄)

　付録2:高等学校学習指導要領　第1章　総則

　付録3:高等学校学習指導要領　第2章　第1節　国語

　付録4:教科の目標,各科目の目標及び内容の系統表(高等学校国語科)

　付録5:中学校学習指導要領　第2章　第1節　国語

　付録6:教科の目標,各学年の目標及び内容の系統表(小・中学校国語科)

　付録7:高等学校学習指導要領　第2章　第8節　外国語

　付録8:小・中学校のおける「道徳の内容」の学年段階・学校段階の一覧表

　〔参考 (系統性等)〕

「高等学校学習指導要領解説 国語編」より

※「総則編」,「総合的な探究の時間編」及び「特別活動編」は異なった構成となっています。

**教師は,学習指導要領で定めた資質・能力が,生徒に確実に育成されているかを評価します**

# 学習評価の基本的な考え方

　学習評価は，学校における教育活動に関し，生徒の学習状況を評価するものです。「生徒にどういった力が身に付いたか」という学習の成果を的確に捉え，**教師が指導の改善を図る**とともに，**生徒自身が自らの学習を振り返って次の学習に向かうことができるようにする**ためにも，学習評価の在り方は重要であり，教育課程や学習・指導方法の改善と一貫性のある取組を進めることが求められます。

## ▌カリキュラム・マネジメントの一環としての指導と評価

　各学校は，日々の授業の下で生徒の学習状況を評価し，その結果を生徒の学習や教師による指導の改善や学校全体としての教育課程の改善，校務分掌を含めた組織運営等の改善に生かす中で，学校全体として組織的かつ計画的に教育活動の質の向上を図っています。

　このように，「学習指導」と「学習評価」は学校の教育活動の根幹であり，教育課程に基づいて組織的かつ計画的に教育活動の質の向上を図る「カリキュラム・マネジメント」の中核的な役割を担っています。

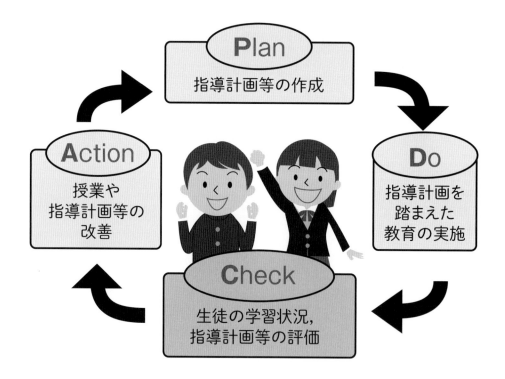

## ▌主体的・対話的で深い学びの視点からの授業改善と評価

　指導と評価の一体化を図るためには，生徒一人一人の学習の成立を促すための評価という視点を一層重視することによって，教師が自らの指導のねらいに応じて授業の中での生徒の学びを振り返り，学習や指導の改善に生かしていくというサイクルが大切です。平成30年改訂学習指導要領で重視している「主体的・対話的で深い学び」の視点からの授業改善を通して，各教科等における資質・能力を確実に育成する上で，学習評価は重要な役割を担っています。

☑ 教師の指導改善に
つながるものにしていくこと

☑ 生徒の学習改善に
つながるものにしていくこと

☑ これまで慣行として行われてきたことでも,
必要性・妥当性が認められないものは
見直していくこと

次の授業では
○○を重点的に
指導しよう。

○○のところは
もっと〜した方が
よいですね。

詳しくは,平成31年3月29日文部科学省初等中等教育局長通知「小学校,中学校,高等学校及び特別支援学校等における児童生徒の学習評価及び指導要録の改善等について（通知）」をご覧ください。
(http://www.mext.go.jp/b_menu/hakusho/nc/1415169.htm)

## 評価に戸惑う生徒の声

「先生によって観点の重みが違うんです。授業態度をとても重視する先生もいるし,テストだけで判断するという先生もいます。そうすると,どう努力していけばよいのか本当に分かりにくいんです。」（中央教育審議会初等中等教育分科会教育課程部会 児童生徒の学習評価に関するワーキンググループ第7回における高等学校3年生の意見より）

あくまでこれは一部の意見ですが,学習評価に対する生徒のこうした意見には,適切な評価を求める切実な思いが込められています。そのような生徒の声に応えるためにも,教師は,生徒への学習状況のフィードバックや,授業改善に生かすという評価の機能を一層充実させる必要があります。教師と生徒が共に納得する学習評価を行うためには,評価規準を適切に設定し,評価の規準や方法について,教師と生徒及び保護者で共通理解を図るガイダンス的な機能と,生徒の自己評価と教師の評価を結び付けていくカウンセリング的な機能を充実させていくことが重要です。

*Column*

# 学習評価の基本構造

　平成30年改訂で, 学習指導要領の目標及び内容が資質・能力の三つの柱で再整理されたことを踏まえ, 各教科における観点別学習状況の評価の観点については,「知識・技能」,「思考・判断・表現」,「主体的に学習に取り組む態度」の3観点に整理されています。

「学びに向かう力, 人間性等」には
①「主体的に学習に取り組む態度」として観点別評価(学習状況を分析的に捉える)を通じて見取ることができる部分と,
②観点別評価や評定にはなじまず, こうした評価では示しきれないことから個人内評価を通じて見取る部分があります。

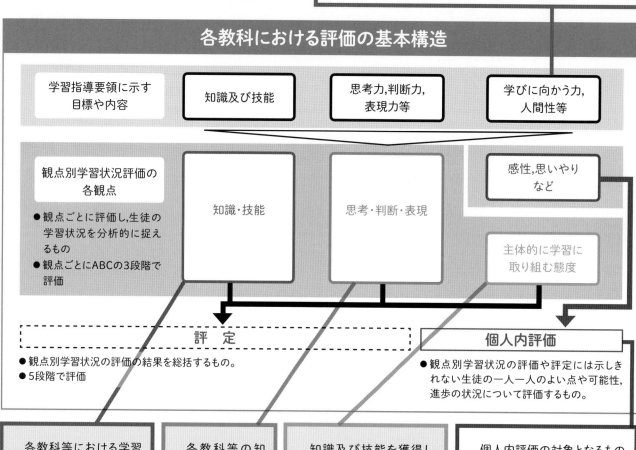

## 各教科における評価の基本構造

| 学習指導要領に示す目標や内容 | 知識及び技能 | 思考力, 判断力, 表現力等 | 学びに向かう力, 人間性等 |

**観点別学習状況評価の各観点**
- 観点ごとに評価し, 生徒の学習状況を分析的に捉えるもの
- 観点ごとにABCの3段階で評価

知識・技能　　　思考・判断・表現　　　感性, 思いやりなど

主体的に学習に取り組む態度

**評定**
- 観点別学習状況の評価の結果を総括するもの。
- 5段階で評価

**個人内評価**
- 観点別学習状況の評価や評定には示しきれない生徒の一人一人のよい点や可能性, 進歩の状況について評価するもの。

　各教科等における学習の過程を通した知識及び技能の習得状況について評価を行うとともに, それらを既有の知識及び技能と関連付けたり活用したりする中で, 他の学習や生活の場面でも活用できる程度に概念等を理解したり, 技能を習得したりしているかを評価します。

　各教科等の知識及び技能を活用して課題を解決する等のために必要な思考力, 判断力, 表現力等を身に付けているかどうかを評価します。

　知識及び技能を獲得したり, 思考力, 判断力, 表現力等を身に付けたりするために, 自らの学習状況を把握し, 学習の進め方について試行錯誤するなど自らの学習を調整しながら, 学ぼうとしているかどうかという意思的な側面を評価します。

　個人内評価の対象となるものについては, 生徒が学習したことの意義や価値を実感できるよう, 日々の教育活動等の中で生徒に伝えることが重要です。特に,「学びに向かう力, 人間性等」のうち「感性や思いやり」など生徒一人一人のよい点や可能性, 進歩の状況などを積極的に評価し生徒に伝えることが重要です。

　詳しくは, 平成31年1月21日文部科学省中央教育審議会初等中等教育分科会教育課程部会「児童生徒の学習評価の在り方について(報告)」をご覧ください。
(http://www.mext.go.jp/b_menu/shingi/chukyo/chukyo3/004/gaiyou/1412933.htm)

# 総合的な探究の時間及び特別活動の評価について

総合的な探究の時間, 特別活動についても, 学習指導要領等で示したそれぞれの目標や特質に応じ, 適切に評価します。

## 総合的な探究の時間

総合的な探究の時間の評価の観点については, 学習指導要領に示す「第1 目標」を踏まえ, 各学校において具体的に定めた目標, 内容に基づいて, 以下を参考に定めることとしています。

| 知識・技能 | 思考・判断・表現 | 主体的に学習に取り組む態度 |
|---|---|---|
| 探究の過程において, 課題の発見と解決に必要な知識及び技能を身に付け, 課題に関わる概念を形成し, 探究の意義や価値を理解している。 | 実社会や実生活と自己との関わりから問いを見いだし, 自分で課題を立て, 情報を集め, 整理・分析して, まとめ・表現している。 | 探究に主体的・協働的に取り組もうとしているとともに, 互いのよさを生かしながら, 新たな価値を創造し, よりよい社会を実現しようとしている。 |

この3つの観点に則して生徒の学習状況を見取ります。

## 特別活動

従前, 高等学校等における特別活動において行った生徒の活動の状況については, 主な事実及び所見を文章で記述することとされてきたところ, 文章記述を改め, 各学校が設定した観点を記入した上で, 活動・学校行事ごとに, 評価の観点に照らして十分満足できる活動の状況にあると判断される場合に, ○印を記入することとしています。

評価の観点については, 特別活動の特質と学校の創意工夫を生かすということから, 設置者ではなく, 各学校が評価の観点を定めることとしています。その際, 学習指導要領等に示す特別活動の目標や学校として重点化した内容を踏まえ, 例えば以下のように, 具体的に観点を示すことが考えられます。

| 特別活動の記録 | | | | | |
|---|---|---|---|---|---|
| 内容 | 観点 　　　　　　　学年 | 1 | 2 | 3 | 4 |
| ホームルーム活動 | よりよい生活や社会を構築するための知識・技能 | ○ | | ○ | |
| 生徒会活動 | 集団や社会の形成者としての思考・判断・表現 | | ○ | | |
| | 主体的に生活や社会, 人間関係をよりよく構築しようとする態度 | | | | |
| 学校行事 | | | ○ | ○ | |

高等学校生徒指導要録(参考様式)様式2の記入例　（3年生の例）

各学校で定めた観点を記入した上で, 内容ごとに, 十分満足できる状況にあると判断される場合に, ○印を記入します。
○印をつけた具体的な活動の状況等については, 「総合所見及び指導上参考となる諸事項」の欄に簡潔に記述することで, 評価の根拠を記録に残すことができます。

なお, 特別活動は, ホームルーム担任以外の教師が指導することも多いことから, 評価体制を確立し, 共通理解を図って, 生徒のよさや可能性を多面的・総合的に評価するとともに, 指導の改善に生かすことが求められます。

# 観点別学習状況の評価について

　観点別学習状況の評価とは，学習指導要領に示す目標に照らして，その実現状況がどのようなものであるかを，観点ごとに評価し，生徒の学習状況を分析的に捉えるものです。

## ▌「知識・技能」の評価の方法

　　「知識・技能」の評価の考え方は，従前の評価の観点である「知識・理解」，「技能」においても重視してきたところです。具体的な評価方法としては，例えばペーパーテストにおいて，事実的な知識の習得を問う問題と，知識の概念的な理解を問う問題とのバランスに配慮するなどの工夫改善を図る等が考えられます。また，生徒が文章による説明をしたり，各教科等の内容の特質に応じて，観察・実験をしたり，式やグラフで表現したりするなど実際に知識や技能を用いる場面を設けるなど，多様な方法を適切に取り入れていくこと等も考えられます。

## ▌「思考・判断・表現」の評価の方法

　　「思考・判断・表現」の評価の考え方は，従前の評価の観点である「思考・判断・表現」においても重視してきたところです。具体的な評価方法としては，ペーパーテストのみならず，論述やレポートの作成，発表，グループでの話合い，作品の制作や表現等の多様な活動を取り入れたり，それらを集めたポートフォリオを活用したりするなど評価方法を工夫することが考えられます。

## ▌「主体的に学習に取り組む態度」の評価の方法

　　具体的な評価方法としては，ノートやレポート等における記述，授業中の発言，教師による行動観察や，生徒による自己評価や相互評価等の状況を教師が評価を行う際に考慮する材料の一つとして用いることなどが考えられます。その際，各教科等の特質に応じて，生徒の発達の段階や一人一人の個性を十分に考慮しながら，「知識・技能」や「思考・判断・表現」の観点の状況を踏まえた上で，評価を行う必要があります。

## 「主体的に学習に取り組む態度」の評価のイメージ

○「主体的に学習に取り組む態度」の評価については、①知識及び技能を獲得したり、思考力、判断力、表現力等を身に付けたりすることに向けた粘り強い取組を行おうとする側面と、②①の粘り強い取組を行う中で、自らの学習を調整しようとする側面、という二つの側面から評価することが求められる。

○これら①②の姿は実際の教科等の学びの中では別々ではなく相互に関わり合いながら立ち現れるものと考えられる。例えば、自らの学習を全く調整しようとせず粘り強く取り組み続ける姿や、粘り強さが全くない中で自らの学習を調整する姿は一般的ではない。

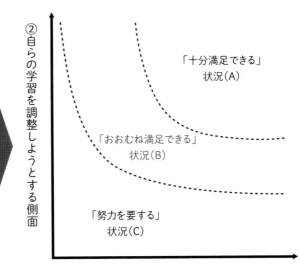

ここでの評価は、その学習の調整が「適切に行われるか」を必ずしも判断するものではなく、学習の調整が知識及び技能の習得などに結びついていない場合には、教師が学習の進め方を適切に指導することが求められます。

## 「自らの学習を調整しようとする側面」とは…

自らの学習状況を把握し、学習の進め方について試行錯誤するなどの意思的な側面のことです。評価に当たっては、生徒が自らの理解の状況を振り返ることができるような発問の工夫をしたり、自らの考えを記述したり話し合ったりする場面、他者との協働を通じて自らの考えを相対化する場面を、単元や題材などの内容のまとまりの中で設けたりするなど、「主体的・対話的で深い学び」の視点からの授業改善を図る中で、適切に評価できるようにしていくことが重要です。

**コラム**

「主体的に学習に取り組む態度」は、「関心・意欲・態度」と同じ趣旨ですが…
## 〜こんなことで評価をしていませんでしたか？〜

平成31年1月21日文部科学省中央教育審議会初等中等教育分科会教育課程部会「児童生徒の学習評価の在り方について（報告）」では、学習評価について指摘されている課題として、「関心・意欲・態度」の観点について「学校や教師の状況によっては、挙手の回数や毎時間ノートを取っているかなど、性格や行動面の傾向が一時的に表出された場面を捉える評価であるような誤解が払拭し切れていない」ということが指摘されました。これを受け、従来から重視されてきた各教科等の学習内容に関心をもつことのみならず、よりよく学ぼうとする意欲をもって学習に取り組む態度を評価するという趣旨が改めて強調されました。

*Column*

観点別学習状況の評価について

# 学習評価の充実

## 学習評価の妥当性, 信頼性を高める工夫の例

- 評価規準や評価方法について,事前に教師同士で検討するなどして明確にすること,評価に関する実践事例を蓄積し共有していくこと,評価結果についての検討を通じて評価に係る教師の力量の向上を図ることなど,学校として組織的かつ計画的に取り組む。
- 学校が生徒や保護者に対し,評価に関する仕組みについて事前に説明したり,評価結果についてより丁寧に説明したりするなど,評価に関する情報をより積極的に提供し生徒や保護者の理解を図る。

## 評価時期の工夫の例

- 日々の授業の中では生徒の学習状況を把握して指導に生かすことに重点を置きつつ,各教科における「知識・技能」及び「思考・判断・表現」の評価の記録については,原則として単元や題材などのまとまりごとに,それぞれの実現状況が把握できる段階で評価を行う。
- 学習指導要領に定められた各教科等の目標や内容の特質に照らして,複数の単元や題材などにわたって長期的な視点で評価することを可能とする。

## 学年や学校間の円滑な接続を図る工夫の例

- 「キャリア・パスポート」を活用し,生徒の学びをつなげることができるようにする。
- 入学者選抜の方針や選抜方法の組合せ,調査書の利用方法,学力検査の内容等について見直しを図る。
- 大学入学者選抜において用いられる調査書を見直す際には,観点別学習状況の評価について記載する。
- 大学入学者選抜については,高等学校における指導の在り方の本質的な改善を促し,また,大学教育の質的転換を大きく加速し,高等学校教育・大学教育を通じた改革の好循環をもたらすものとなるような改革を進めることが考えられる。

## 評価方法の工夫の例

### 高校生のための学びの基礎診断の認定ツールを活用した例

　高校生のための学びの基礎診断とは，高校段階における生徒の基礎学力の定着度合いを測定する民間の試験等を文部科学省が一定の要件に適合するものとして認定する仕組みで，平成30年度から制度がスタートしています。学習指導要領を踏まえた出題の基本方針に基づく問題設計や，主として思考力・判断力・表現力等を問う問題の出題等が認定基準となっています。受検結果等から，生徒の課題等を把握し，自らの指導や評価の改善につなげることも考えられます。

　　詳しくは，文部科学省Webページ「高校生のための学びの基礎診断」をご覧ください。
　　(http://www.mext.go.jp/a_menu/shotou/kaikaku/1393878.htm)

## 評価の方法の共有で働き方改革

　ペーパーテスト等のみにとらわれず，一人一人の学びに着目して評価をすることは，教師の負担が増えることのように感じられるかもしれません。しかし，生徒の学習評価は教育活動の根幹であり，「カリキュラム・マネジメント」の中核的な役割を担っています。その際，助けとなるのは，教師間の協働と共有です。

　評価の方法やそのためのツールについての悩みを一人で抱えることなく，学校全体や他校との連携の中で，計画や評価ツールの作成を分担するなど，これまで以上に協働と共有を進めれば，教師一人当たりの量的・時間的・精神的な負担の軽減につながります。風通しのよい評価体制を教師間で作っていくことで，評価方法の工夫改善と働き方改革にもつながります。

### 「指導と評価の一体化の取組状況」

A:学習評価を通じて，学習評価のあり方を見直すことや個に応じた指導の充実を図るなど，指導と評価の一体化に学校全体で取り組んでいる。

B:指導と評価の一体化の取組は，教師個人に任されている。

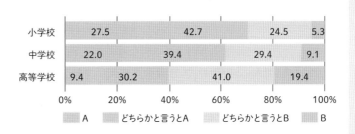

|  | A | どちらかと言うとA | どちらかと言うとB | B |
|---|---|---|---|---|
| 小学校 | 27.5 | 42.7 | 24.5 | 5.3 |
| 中学校 | 22.0 | 39.4 | 29.4 | 9.1 |
| 高等学校 | 9.4 | 30.2 | 41.0 | 19.4 |

（平成29年度文部科学省委託調査「学習指導と学習評価に対する意識調査」より）

*Column*

# Q&A －先生方の質問にお答えします－

## Q1 1回の授業で，3つの観点全てを評価しなければならないのですか。

**A.** 学習評価については，日々の授業の中で生徒の学習状況を適宜把握して指導の改善に生かすことに重点を置くことが重要です。したがって観点別学習状況の評価の記録に用いる評価については，毎回の授業ではなく原則として単元や題材などの内容や時間のまとまりごとに，それぞれの実現状況を把握できる段階で行うなど，その場面を精選することが重要です。

## Q2 「十分満足できる」状況（A）はどのように判断したらよいのですか。

**A.** 各教科において「十分満足できる」状況（A）と判断するのは，評価規準に照らし，生徒が実現している学習の状況が質的な高まりや深まりをもっていると判断される場合です。「十分満足できる」状況（A）と判断できる生徒の姿は多様に想定されるので，学年会や教科部会等で情報を共有することが重要です。

## Q3 高等学校における観点別評価の在り方で、留意すべきことは何ですか？

**A.** これまでも，高等学校における学習評価では，生徒一人一人に対して観点別評価と生徒へのフィードバックが行われてきましたが，指導要録の参考様式に観点別学習状況の記載欄がなかったこともあり，指導要録に観点別学習状況を記録している高等学校は13.3％にとどまっていました（平成29年度文部科学省委託調査「学習指導と学習評価に対する意識調査」より）。平成31年3月29日文部科学省初等中等教育局長通知「小学校，中学校，高等学校及び特別支援学校等における児童生徒の学習評価及び指導要録の改善等について（通知）」における観点別学習状況の評価に係る説明が充実したことと指導要録の参考様式に記載欄が設けられたことを踏まえ，高等学校では観点別学習状況の評価を更に充実し，その質を高めることが求められます。

## Q4 評定以外の学習評価についても保護者の理解を得るにはどのようにすればよいのでしょうか。

**A.** 保護者説明会等において，学習評価に関する説明を行うことが効果的です。各教科等における成果や課題を明らかにする「観点別学習状況の評価」と，教育課程全体を見渡した学習状況を把握することが可能な「評定」について，それぞれの利点や，上級学校への入学者選抜に係る調査書のねらいや活用状況を明らかにすることは，保護者との共通理解の下で生徒への指導を行っていくことにつながります。

## Q5 障害のある生徒の学習評価について、どのようなことに配慮すべきですか。

**A.** 学習評価に関する基本的な考え方は，障害のある生徒の学習評価についても変わるものではありません。このため，障害のある生徒については，特別支援学校等の助言または援助を活用しつつ，個々の生徒の障害の状態等に応じた指導内容や指導方法の工夫を行い，その評価を適切に行うことが必要です。また，指導要録の通級による指導に関して記載すべき事項が個別の指導計画に記載されている場合には，その写しをもって指導要録への記入に替えることも可能としました。

文部科学省
国立教育政策研究所
National Institute for Educational Policy Research
NIER

令和元年6月
文部科学省　国立教育政策研究所教育課程研究センター
〒100-8951 東京都千代田区霞が関3丁目2番2号　TEL 03-6733-6833（代表）

「指導と評価の一体化」のための
学習評価に関する参考資料
【高等学校　芸術（工芸）】

令和 3 年 11 月 12 日　　　初版発行

著作権所有　　　　　国立教育政策研究所
　　　　　　　　　　教育課程研究センター

発　行　者　　　　　東京都文京区本駒込 5 丁目 16 番 7 号
　　　　　　　　　　株式会社　東洋館出版社
　　　　　　　　　　代表者　錦織　圭之介

印　刷　者　　　　　大阪市住之江区中加賀屋 4 丁目 2 番 10 号
　　　　　　　　　　岩岡印刷株式会社

発　行　所　　　　　東京都文京区本駒込 5 丁目 16 番 7 号
　　　　　　　　　　株式会社　東洋館出版社
　　　　　　　　　　電話　　03-3823-9206

ISBN978-4-491-04708-9　　　　定価：本体 1,500 円
　　　　　　　　　　　　　　　　　（税込 1,650 円）税 10％